MACH SITZ, SPITZ!

Selina Gibsone und Jenny Palser

Bath · New York · Singapore · Hong Kong · Cologne · Delhi · Melbourne

Copyright © Parragon Books Ltd

Idee und Produktion: Ivy Contract
Projektleitung: Tom Kitch
Künstlerische Leitung: Lisa McCormick
Redaktion: Polita Caaveiro
Layout: Glyn Bridgewater und Kate Haynes
Fotos: Nick Ridley
Model: Cynthia McCollum

Alle Rechte vorbehalten. Die vollständige oder auszugsweise Speicherung, Vervielfältigung oder Übertragung des Werkes, ob elektronisch, mechanisch, durch Fotokopie oder Aufzeichnung, ist ohne vorherige Genehmigung des Rechteinhabers urheberrechtlich untersagt.

Copyright © für die deutsche Ausgabe:
Parragon Books Ltd
Queen Street House
4 Queen Street
Bath BA1 1HE, UK

Realisation der deutschen Ausgabe: trans texas publishing, Köln
Übersetzung, Satz und Redaktion:
Gundula Müller-Wallraf, München

ISBN 978-1-4075-6993-2
Printed in China

INHALT

Einführung 6

GRUNDLAGEN
Schön „Sitz!" machen 13
Freudige Erwartung 14
Auf und nieder 15
Komm doch mal rüber 16
Aus und vorbei 17

EINFACHE KLASSIKER
Hol's dir! 19
Hand drauf! 20
Hallo zusammen! 21
Ergebenster Diener 22
Bussi, Bussi 23
Freudensprünge 24
Rolle 25
Allez hopp! 26
Hol die Leine! 28

TRICKS FÜR KÖNNER
Bitte, bitte! 31
Hol das Ding! 32
Nein, danke! 34
Highfive 36
Rundherum 37
Winke, winke! 38

WAHRE KUNSTSTÜCKE
Hundetanz 41
Taschenträger 42
Slalomlauf 44
Nimm Platz! 46
Ins Körbchen! 48
Hübsch ordentlich 50
Balance & Fangen 52
Schäm dich! 54
Schlüsseldienst 56
Tür zu! 58
Kriechtier 60
Spurensuche 62
Licht an! 64
Hatschi! 66

AGILITY-TRAINING
Durch den Tunnel 69
Durch den Reifen 70
Berührungspunkt 72
Slalom 74
Hindernislauf 76
Auf dem Tisch bleiben 78

Register 79
Hundegalerie 80

Einführung

Dieses Buch möchte Ihnen zeigen, wie Sie mit Ihrem Hund noch mehr Spaß haben können. Das leicht verständliche Trainingsprogramm festigt nicht nur das Band zwischen Mensch und Hund, sondern stärkt auch das Selbstvertrauen des Tieres. Hunde sind nicht zuletzt deshalb so wunderbare Haustiere, weil sie in der Lage sind, sich „ihren" Menschen mitzuteilen. Das Training wird Ihnen dabei helfen, Ihren Hund noch besser zu verstehen, aber auch Ihrem Hund, Ihre Kommandos richtig zu deuten. Dieses Buch arbeitet ausschließlich mit positiver Verstärkung, also nach dem Belohnungsprinzip. So werden Sie und Ihr Hund die verblüffenden Tricks in diesem Buch lange Zeit mit Freude trainieren.

Hundetraining – warum eigentlich?

Wer bereits einen Hund hat oder ernsthaft plant, sich einen anzuschaffen, sollte sich darüber im Klaren sein, wie viel Zeit ein solches Tier in Anspruch nimmt. Hunde brauchen weit mehr als nur Futter und Wasser. Sie brauchen viel frische Luft, Bewegung und Anregung, ebenso wie Lob und Zuspruch. Wenn Sie sich die Zeit nehmen, Ihrem Hund einige der im Folgenden beschriebenen Tricks beizubringen, tragen Sie aktiv zu seiner körperlichen und geistigen Gesundheit und damit zu seinem Wohlbefinden bei.

Die Übungen in diesem Buch reichen vom einfachen Gehorsamstraining bis zu wirklich anspruchsvollen Agility-Übungen, Sie benötigen also keine Vorkenntnisse. Unter den 40 ganz verschiedenen Tricks und Übungen, vom grundlegenden „Sitz!" über wirkungsvolle „Schäm dich!"-Gesten bis zu akrobatischen Höchstleistungen wie dem Sprung durch einen Reifen, ist bestimmt für jeden etwas dabei. Unabhängig davon, wie weit fortgeschritten Ihr Hund beim Training bereits ist, sollten Sie darauf achten, die Trainingseinheiten stets kurz zu halten, damit Sie den Hund nicht überfordern. Wichtig ist auch, das Training immer mit einem Erfolg und entsprechend guter Stimmung zu beenden. Wenn Sie die Geduld verlieren, verliert der Hund den Spaß! Der Einfachheit halber heißt es in diesem Buch übrigens immer „der Hund" und „er", unabhängig vom Geschlecht. Das Geschlecht spielt beim Training keine Rolle, was unsere tierischen „Vorturner" eindrucksvoll beweisen werden.

Einführung

Wie lernt Ihr Hund am besten?

Hunde lernen, indem sie verstehen, dass ihr Verhalten bestimmte Konsequenzen nach sich zieht. Ist diese Konsequenz angenehm, werden sie eher dazu bereit sein, das entsprechende Verhalten zu wiederholen. Ein Beispiel: Ihr Hund macht „Sitz!" und merkt, dass er dafür gelobt und mit einem Leckerli belohnt wird. Daraufhin wird er sein Glück wahrscheinlich gern noch einmal versuchen und sich bereitwillig wieder hinsetzen. Wenn Ihr Hund hingegen an Ihnen hochspringt, ignorieren Sie ihn und wenden Sie sich von ihm ab. Er erkennt, dass ihm das Springen nicht die gewünschte Aufmerksamkeit einbringt, und unterlässt es über kurz oder lang. Dieses Prinzip ist die Grundlage jedes Hundetrainings.

Ihr Hund sollte lernen, dass erwünschtes Verhalten belohnt wird. Achten Sie also darauf, ihn stets zu loben oder mit einem Leckerli zu belohnen, wenn er sich in Ihren Augen richtig verhält. Jedes schlechte oder unerwünschte Verhalten sollten Sie hingegen einfach ignorieren, sonst besteht die Gefahr, dass der Hund Kommandos und Schimpfen miteinander verwechselt. Wir empfehlen den Einsatz von kleinen Leckerlis als Belohnung für Trainingserfolge. Die Belohnungshäppchen sollten klein und schnell essbar sein, um unnötige Ablenkung und eine Übersättigung des Hundes zu vermeiden. Wenn Ihr Hund zu Übergewicht neigt, sollten Sie ihn mit Teilen seines normalen Futters belohnen.

Bei den meisten Übungen in diesem Buch wird der Hund zunächst mithilfe eines Leckerlis dazu ermuntert, etwas zu tun. Bei Erfolg erhält er die begehrte Belohnung. Es kann sein, dass Ihr Hund sich anfangs ausschließlich für die Hand mit dem Leckerli interessiert. Daher sollten Sie ihn am Ende jeder Übung immer mit dem Happen aus Ihrer Hand belohnen. Nur so wird der Hund verstehen, worum es wirklich geht. Hier und da ein Leckerli außer der Reihe motiviert Ihren Hund aber bestimmt zu noch besseren Leistungen.

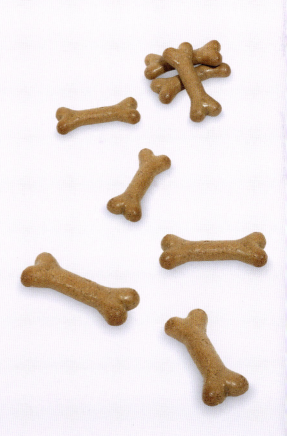

Einführung

Tipp Ein Clicker kann im Training sehr hilfreich sein, denn er erleichtert es dem Hund zu verstehen, für welches Verhalten genau er belohnt wird. Deshalb sollten Sie aber sehr sorgfältig darauf achten, wann Sie klicken.

Hilfsmittel

Bei dem in diesem Buch beschriebenen Training werden Erfolge meist durch Lob – Sie werden staunen, wie weit man mit einem freudigen „guter Junge" oder „braves Mädchen" kommt –, kleine Belohnungshappen oder auch mal ein Spielzeug belohnt. Aber es gibt noch andere bewährte Hilfsmittel, die Sie auf Ihrem Weg zu einem wohlerzogenen und schlauen Hund entscheidend weiterbringen können.

Ein Klick genügt

Beim Training mit Hunden verwenden viele Leute einen sogenannten Clicker (siehe oben links im Bild). Dieser kleine Plastikkasten, eine Art Knackfrosch, erzeugt ein Klicken. Nach und nach setzt der Hund dieses Geräusch mit einer Belohnung gleich. Da man sehr schnell und exakt klicken kann, erkennt der Hund ganz genau, wann er etwas richtig gemacht hat. Ein Beispiel: Sie trainieren mit Ihrem Hund „Sitz!". Genau in dem Moment, in dem er die richtige Position einnimmt, klicken Sie. Zusätzlich bekommt er natürlich auch sein Leckerli.

Wenn Sie bei der Arbeit mit diesem Buch einen Clicker verwenden möchten, gehen Sie vor wie oben beschrieben: Klicken Sie bei allen passenden Gelegenheiten und belohnen Sie den Hund anschließend mit einem Leckerli. Zunächst müssen Sie den Hund jedoch an das Geräusch gewöhnen. Dazu einfach klicken und gleich belohnen. Wiederholen Sie diesen Vorgang, bis Ihr Hund zuverlässig auf das Geräusch reagiert und von Ihnen ein Leckerli erwartet, sobald er es hört. Achten Sie bitte genau darauf, dass Sie in dieser Phase nicht versehentlich klicken, wenn Ihr Hund etwas Unerwünschtes tut – es könnte dann nämlich passieren, dass er dieses Verhalten häufiger an den Tag legt, als Ihnen lieb ist.

Anstelle des Geräuschs können Sie auch ein „Clicker-Wort" einführen. Wenn Sie ein Wort, etwa „gut!", konsequent mit einer Belohnung verknüpfen, funktioniert das fast ebenso gut.

Stimme und Hände

Bei den Übungen in diesem Buch erlernt der Hund immer zunächst die gewünschte Aktion und erst anschließend das dazugehörige Kommando. Auf diese Weise verbindet der Hund ein bestimmtes Verhalten sicher mit einem entsprechenden Kommando. Ihr Hund lernt also zunächst, wie er richtig „Sitz!" macht, und erst dann das Zeichen dafür, wann er „Sitz!" machen soll. Bei den meisten Tricks in diesem Buch wird mit einem Wort als Kommando gearbeitet. Viele Trainer verwenden aber auch Handzeichen. Versuchen Sie einfach beides und finden Sie heraus, was Ihrem Hund besser liegt.

Einführung

Ein guter Trainer – was ist das?

Ein guter Hundetrainer braucht Geduld, Konsequenz, ein gutes Timing und vor allem ein großes Herz für Hunde – besonders, wenn man den „Küsschen"-Trick einstudieren möchte. Es ist ganz wichtig, dass Sie sich für das Training Zeit nehmen. Erwarten Sie nicht zu viel! Bleiben Sie geduldig und ruhig. Wählen Sie für den Anfang einen Ort mit wenig Ablenkung. Sobald Ihr Hund sich eine gewisse Konzentration und Genauigkeit angewöhnt hat, verträgt er schon mehr Unruhe. Dann können Sie sogar in einem belebten Park trainieren.

Damit Ihr Hund versteht, was Sie von ihm wollen, müssen Sie konsequent sein. Das ist nicht nur während der Übungsstunden wichtig, sondern auch im täglichen Zusammenleben. Ihr Hund versteht nicht, dass Sie einfach einmal einen schlechten Tag haben. Er wird Ihr Verhalten immer auf die gleiche Weise betrachten. Nicht vergessen: Ein sehr guter Weg ist, den Hund zu belohnen, wenn er etwas gut macht, und ihn zu ignorieren, wenn er etwas tut, das Ihnen nicht gefällt. Überlegen Sie sich genau, was Ihr Hund aus welcher Situation lernen könnte, und bleiben Sie konsequent!

Motivieren Sie Ihren Hund!

Motivation ist das A und O beim Hundetraining. Schaffen Sie also einen besonderen Anreiz für Ihren Hund. Wenn der Hund sich nicht für die Belohnung interessiert, die Sie anbieten, wird er wahrscheinlich auch nicht richtig mitmachen. Für Tricks, die ein hohes Maß an Konzentration erfordern, sollten Sie daher besonders feine Belohnungshappen finden. Manche Tricks sind harte Arbeit. Der Hund soll das Gefühl haben, dass sich die Mühe lohnt.

Um die Übungsstunde interessant zu halten, sollten Sie bei den Belohnungen variieren. Auch sollte der Hund nicht unmittelbar vor dem Training gefressen haben. Heben Sie besondere Leckerlis für das Training auf. Wenn Ihr Hund merkt, dass er seine Lieblingshappen jederzeit bekommen kann, wird seine Bereitschaft, etwas dafür zu leisten, eher nicht sonderlich hoch sein.

Wenn Ihrem Hund eine Übung besonders schwerfällt, machen Sie öfters einmal eine Pause. Danach fangen Sie einfach einen Schritt weiter vorn wieder an. Wenn die Konzentration des Hundes nachlässt, versuchen Sie es mit einer besonders reizvollen Belohnung.

Timing ist alles!

Timing ist einer der wichtigsten Faktoren beim Training mit Hunden. Der Hund sollte genau in dem Moment belohnt werden, in dem er etwas richtig macht. Wenn Sie ihn zu früh belohnen, wird ihn das ablenken, zu spät, kann er vielleicht nicht genau zuordnen, wofür er eigentlich gelobt wird. Wenn Ihr Hund einen Trick beendet hat, sollten Sie ihn immer ausgiebig loben und mit einem Leckerli belohnen!

Einführung

Wie funktioniert dieses Buch?

Dieses Buch soll Ihnen dabei helfen, Ihrem Hund ein paar pfiffige Tricks beizubringen. Aber zunächst sollten Sie die Grundlagen des Trainings beherrschen. Dazu dienen die einführenden Gehorsamsübungen im ersten Kapitel des Buchs. Sobald Ihr Hund diese einfachen Kommandos sicher beherrscht, steht dem Training schwierigerer Übungen nichts mehr im Wege – Reifen und Slalomstangen, wir kommen!

Die Grundlagen

Dieses erste Kapitel könnte das wichtigste sein. Mit den hier beschriebenen Übungen legen Sie nicht nur das Fundament für alle anspruchsvolleren Tricks, sondern leiten Ihren Hund auch ganz allgemein zu besserem Benehmen an. Einige der einfachen Übungen sind auch Bestandteile schwierigerer Tricks, es ist also sinnvoll, das Buch von vorn nach hinten der Reihe nach durchzuarbeiten.

Bestimmten Rassen fallen manche Tricks leichter als anderen. Das wird an geeigneter Stelle angemerkt. Der Befehl „Bring!" zum Beispiel ist für manche Hunderassen schwierig, weil das Apportieren nicht in ihrer Natur liegt. Das heißt aber nur, dass Sie in manchen Fällen vielleicht etwas fleißiger trainieren müssen. Wenn Ihr Hund einen bestimmten Trick gar nicht mag, sollten Sie ihn aber auf keinen Fall dazu zwingen.

Vergessen Sie die weitverbreitete Ansicht, dass ein alter Hund keine neuen Kunststücke mehr lernt. Das ist schlicht falsch. Sie werden aber vielleicht feststellen müssen, dass sich einige Übungen für Ihren Hund nicht eignen oder dass Ihr Hund bestimmte Bewegungen als unangenehm empfindet. Wenn Sie das merken, sollten Sie diesen Trick überspringen.

Agility-Training

Das letzte Kapitel dieses Buchs befasst sich mit Agility. Dieses Beweglichkeitstraining für Hunde kann Ihnen und Ihrem Hund eine Menge Spaß bringen und Sie beide bestens in Form halten. Sie können Ihrem Hund die Agility-Tricks einfach nur zum Spaß beibringen oder eines Tages an Agility-Wettbewerben teilnehmen. Nichts ist unmöglich!

Bei den Wettbewerben wird genauestens nach Größe und Können unterteilt. Also keine Sorge: Ihr Hund wird nicht von Anfang an gegen echte Profis antreten müssen. Wenn Sie an Wettbewerben interessiert sind, ist es sinnvoll, nach einer guten Agility-Schule zu suchen, bei der Ihnen sichere Trainingsgeräte zur Verfügung stehen. Hüten Sie sich davor, instabile oder selbst gebaute Geräte zu nutzen! Suchen Sie sich einen kompetenten Agility-Trainer, und er/sie wird Ihnen genau erklären, was zu tun ist, und sicherstellen, dass Ihr Hund für die jeweiligen Hindernisse angemessen trainiert wurde.

Einführung

Auf Nummer sicher!

Sicherheit für Sie und Ihren Hund sollte ganz oben stehen! In diesem Buch werden Sie einige Übungen finden, die für bestimmte Rassen besser, für andere weniger geeignet sind. Aufgrund ihres Körperbaus fällt es manchen Rassen schwer, in bestimmten Positionen das Gleichgewicht zu halten. Ähnliches gilt auch für ältere Hunde. Auch wenn das Einstudieren von Tricks oft weniger anstrengend ist als echtes Bewegungstraining, sollten Sie die Kunststücke doch sehr individuell nach der Kondition Ihres Hundes auswählen. Wenn Ihr Hund trächtig ist oder gesundheitliche Probleme hat, die Ihnen Sorge bereiten, sollten Sie Ihren Tierarzt befragen, bevor Sie mit dem Training beginnen.

Sichere Umgebung

Sorgen Sie dafür, dass der Ort, an dem Sie trainieren, sicher ist. Einige Tricks, etwa der „Hundetanz", lassen sich besser auf Teppich oder Rasen trainieren, denn dabei muss der Hund länger die Balance halten. Agility trainiert man am besten draußen im Freien, wo der Hund genug Platz hat. Die meisten Agility-Vereine trainieren auf Rasenflächen oder in Pferdemanegen und meiden harten oder rutschigen Untergrund. Nicht vergessen: Wenn das Gras nass ist, sind es die Geräte wahrscheinlich auch.

Bei den Apportierübungen soll Ihr Hund verschiedene Gegenstände aufnehmen. Achten Sie darauf, sichere Gegenstände auszuwählen, und vermeiden Sie Dinge mit kleinen Teilen, die Ihr Hund verschlucken oder an denen er ersticken könnte.

Wir hoffen, dass Sie und Ihr Hund es gleichermaßen genießen werden, nach unserer Anleitung zu arbeiten. Und nicht vergessen: Das Wichtigste ist, dass Sie beide Spaß haben!

Trainingstipps

- Bereiten Sie das Training sorgfältig vor.
- Halten Sie Leckerlis bereit, um Ihren Hund zu motivieren.
- Arbeiten Sie an Ihrem Timing.
- Halten Sie Trinkwasser bereit.
- Bleiben Sie geduldig!
- Beenden Sie das Training stets mit einem Erfolg.
- Beginnen Sie mit dem Training, wenn der Hund noch möglichst jung ist.
- Bleiben Sie konsequent!
- Haben Sie Spaß!

GRUNDLAGEN

Grundlagen Nr. 1

SCHÖN "SITZ!" MACHEN

mit JD

„Sitz!" ist einer der Grundbefehle bei der Gehorsamsschulung und kann schon mit ganz jungen Hunden trainiert werden. Der Befehl ist im Alltag vielseitig anwendbar. Mit „Sitz!" hindern Sie Ihren Hund zum Beispiel daran, vor Aufregung an Ihnen oder anderen hochzuspringen. Halten Sie die Übungsstunden kurz – es ist wichtig, dass Sie den Hund nicht überfordern. Und trainieren Sie an verschiedenen Orten. Es nützt nämlich nicht viel, wenn Ihr Hund sich zwar im Wohnzimmer vorbildlich hinsetzt, Sie draußen im Park aber einfach ignoriert!

1 Halten Sie dem Hund ein Leckerli vor die Nase und führen Sie es mit der Hand langsam nach oben. Der Hund wird der Bewegung mit dem Kopf folgen.

„GUTER JUNGE!"

„SITZ!"

Tipp Wenn der Hund den Bewegungsablauf beherrscht, strecken Sie Ihre Hand flach – ohne den Belohnungshappen – aus und führen Sie sie dann in Richtung Schulter. Nach und nach lernt er so auch das Handzeichen für „Sitz!".

2 Wenn sich sein Kopf nach oben reckt, drückt die Schwerkraft das Hinterteil des Hundes automatisch in Richtung Boden. Haben Sie Geduld und versuchen Sie nicht nachzuhelfen! Belohnen Sie stattdessen lieber jeden Erfolg mit viel Lob.

3 Sobald das Hinterteil den Boden berührt, loben und belohnen Sie den Hund mit dem Leckerli. Wenn er die Bewegung sicher beherrscht, können Sie das Kommando „Sitz!" einführen, und zwar jeweils unmittelbar bevor er wirklich sitzt.

13

Nr. 2   Grundlagen

FREUDIGE ERWARTUNG

mit FEE

Mit dem Kommando „Bleib!" – eigentlich nur eine Erweiterung von „Sitz!" – lernt der Hund, in einer bestimmten Position abzuwarten, bis man ihm etwas anderes sagt. „Bleib!" ist für die Sicherheit Ihres Hundes von großem Wert, etwa, wenn der Hund aus dem Auto springt oder draußen ohne Leine unterwegs ist. Auch hier gilt: Üben Sie an vielen verschiedenen Orten, aber steigern Sie die Ablenkung von außen erst nach und nach. Üben Sie regelmäßig, und bald wird Ihr Hund der besterzogene im ganzen Park sein.

„SITZ!"

„BRAVES MÄDCHEN!"

1 Lassen Sie den Hund „Sitz!" machen und entfernen Sie sich mit ausgestrecktem Arm ein kleines Stück von ihm. Halten Sie dabei Blickkontakt. Das ist bereits Teil des Handzeichens.

2 Warten Sie ein paar Sekunden. Strecken Sie dem Hund die aufgerichtete flache Hand entgegen und sagen Sie mit fester Stimme „Bleib!". Machen Sie dann wieder einen Schritt auf den Hund zu. Wenn er sitzen geblieben ist, loben Sie ihn ausgiebig und belohnen Sie ihn mit einem Leckerli. Wenn er sich bewegt hat, ist das kein Beinbruch – warten Sie einfach ein wenig und versuchen Sie es dann noch einmal.

3 Verwenden Sie weiterhin das Kommando sowie das Handzeichen. Das Handzeichen ist besonders dann sehr hilfreich, wenn Sie sich in einer geräuschvollen Umgebung befinden.

Tipp Steigern Sie den Abstand zwischen sich und Ihrem Hund und die Zeitspanne zwischen dem Kommando „Bleib!" und Ihrer Rückkehr zum Hund sehr langsam, sonst wird der Hund Ihren Befehl missachten.

„BLEIB!"

Siehe auch…
Schön „Sitz!" machen, S. 13

AUF UND NIEDER mit LEO

Grundlagen — Nr. 3

Mit fortschreitendem Training wird Ihr Hund schnell begreifen, dass seine Aufmerksamkeit belohnt wird. Je mehr Tricks Sie ihm beibringen, umso leichter wird ihm das Erlernen neuer fallen. Wenn er erst einmal „Sitz!" beherrscht, sind Sie schon auf halbem Weg zu „Platz!", einer Position, die auch sehr junge Hunde schon erlernen können. Dieses Kommando wird Ihnen dabei helfen, Ihren Hund auch in ungewohnter Umgebung ruhig zu halten und ihn daran zu hindern, Ihre Gäste beim Betreten des Hauses allzu überschwänglich zu begrüßen.

1 Lassen Sie Ihren Hund „Sitz!" machen. Halten Sie ihm ein besonders reizvolles Leckerli vor die Nase – immerhin soll er dem Happen bis auf den Boden folgen.

2 Führen Sie die Hand mit dem Leckerli langsam in Richtung Fußboden. Ihr Hund sollte ihr folgen und dabei seinen Körper bis in die Liegeposition absenken. Wenn er sich nicht sofort hinlegt, keine Sorge: Verharren Sie mit dem Häppchen auf dem Boden, früher oder später wird der Hund folgen. Sobald er liegt, geben Sie die Belohnung frei und loben ihn ausgiebig.

3 Wiederholen Sie die Schritte so oft, bis Ihr Hund sich jedes Mal bereitwillig hinlegt. Nun können Sie den Befehl „Platz!" einführen. Vergessen Sie nie, den Hund zu loben und zu belohnen. Sobald er sich immer zuverlässig hinlegt, zögern Sie die Gabe der Belohnung immer weiter hinaus. Diese Verzögerung steigert seine Konzentrationsfähigkeit.

Siehe auch...
Schön „Sitz!" machen, S. 13
Ins Körbchen!, S. 48

„SITZ!"

„BRAV!"

„PLATZ!"

Nr. 4 Grundlagen

KOMM DOCH MAL RÜBER

mit **RIVA**

Mit dem Befehl „Komm!" lernt der Hund, zu seinem Frauchen oder Herrchen zurückzukommen, egal, wo er gerade herumstromert. Das ist von enormer Wichtigkeit, insbesondere, wenn Gefahr droht. Je früher Sie mit dem Training dieses Kommandos beginnen, desto besser. Und Sie sollten es immer weiterführen, indem Sie Ihren Hund stets für seine Rückkehr loben und belohnen. Fangen Sie nicht an zu schreien, selbst wenn Ihr Hund nicht direkt auf den Befehl reagiert, er könnte sonst glauben, zurückzukommen sei falsch!

1 Beginnen Sie mit dem Training an einem ablenkungsarmen Ort. Halten Sie Belohnungshappen bereit. Zeigen Sie sie dem Hund und entfernen Sie sich dann ein wenig. Der Hund wird Ihnen (na ja, eigentlich den Leckerlis!) folgen.

2 Verwenden Sie den Namen Ihres Hundes in Verbindung mit dem Befehl, in diesem Fall: „Komm, Riva!" Ermutigen Sie den Hund dazu, sich Ihnen zu nähern, indem Sie ihn loben und belohnen, wenn er kommt. So lernt er, dass es Spaß macht und sich lohnt zu kommen, wenn Sie ihn dazu auffordern.

3 Trainieren Sie die Schritte 1 und 2 so lange, bis Ihr Hund zuverlässig kommt, wenn Sie ihn rufen. Versuchen Sie es auch ohne Belohnung. Über kurz oder lang sollte der Hund nur auf Kommando kommen. Trainieren Sie an verschiedenen Orten und in verschiedenen Situationen, damit der Hund lernt, auch bei massiver Ablenkung zu gehorchen.

„KOMM, RIVA!"

„GUTES MÄDCHEN!"

Tipp Tonfall und Körpersprache spielen hier eine wichtige Rolle. Rufen Sie stets mit fester Stimme.

Siehe auch...
Schön „Sitz!" machen, S. 13

16

AUS UND VORBEI

mit WHISPER

Grundlagen Nr. 5

Dieses Kommando können Hunde jedes Alters, vom Welpen bis zum Senior, erlernen. Einige Hunde heben so ziemlich alles auf, was ihnen unter die Nase kommt. Richtig trainiert, kann ein „Aus!" Ihren Hund dazu bringen, sogar die aromatischsten Socken aufzugeben. Im Training arbeiten wir mit einem Spielzeug, im Alltag wird es aber sicher Dinge geben, die Ihr Hund weniger bereitwillig abgibt. Dann sollten Sie einen leckeren „Trumpf" im Ärmel haben. Und lassen Sie sich während des Trainings NIEMALS zu einem Fangspiel verleiten – es könnte ewig dauern.

1 Warten Sie, bis der Hund das ausgewählte Spielzeug im Maul hat. Dann zeigen Sie ihm ein Leckerli. Machen Sie es sich anfangs nicht so schwer: Wählen Sie ein Spielzeug aus, das Ihr Hund freiwillig abgibt!

2 Wenn sich der Hund für das Leckerli interessiert, lässt er das Spielzeug normalerweise fallen. Heben Sie es auf und loben und belohnen Sie den Hund sofort ausgiebig.

3 Sobald der Hund das Spielzeug jedes Mal zuverlässig fallen lässt, führen Sie den Befehl „Aus!" ein. Nach einer Weile brauchen Sie ihm das Leckerli vor dem Kommando nicht mehr zu zeigen. Sagen Sie „Aus!" und deuten Sie auf den Boden. Belohnen Sie ihn jedes Mal. Schon bald wird er alles bereitwillig gegen eine Belohnung eintauschen.

Siehe auch...

Hol's dir!, S. 19
Hol das Ding!, S. 32

Einfache Klassiker Nr. 6

HOL'S DIR!
mit RIVA

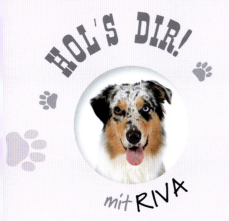

Ein Hund, der auf den Befehl „Bring!" reagiert, kann jeden Gegenstand auf Kommando zurückbringen. Das ist ein tolles Spiel, das die Beziehung zwischen Mensch und Hund festigt und alle Beteiligten herrlich erschöpft! Die Fähigkeit zu apportieren wird den Hund bei Spaziergängen bereitwillig in Ihrer Nähe halten. Achten Sie auf Sicherheit – werfen Sie zum Beispiel niemals Stöcke, denn Ihr Hund könnte sich daran verletzen. Einige Rassen apportieren lieber als andere, Labrador und Spaniel zum Beispiel, andere Rassen brauchen schon etwas mehr Ermunterung.

Tipp
Ihr Hund interessiert sich nicht für Spielzeug? Ködern Sie ihn mit etwas Essbarem! Geben Sie ihm zunächst ein Leckerli, wenn er auch nur an dem Spielzeug schnuppert. Später belohnen Sie ihn erst, wenn er es ins Maul nimmt. Das klappt eigentlich immer!

1 Reizen Sie den Hund mit einem Spielzeug, indem Sie es auf dem Boden vor ihm hin und her bewegen. Wenn er versucht, es zu fassen, loben und belohnen Sie ihn.

2 Werfen Sie das Spielzeug weg und ermuntern Sie den Hund dazu, es zurückzubringen. Wenn er das tut, belohnen Sie ihn. Sobald er es zuverlässig holt, führen Sie das Kommando „Bring!" ein.

3 Wenn Ihr Hund das Kommando „Aus!" bereits gelernt hat, lassen Sie ihn das Spielzeug damit abgeben, wenn er es zurückgebracht hat. Loben und belohnen Sie ihn. Wenn der Hund Spaß am Apportieren hat, können Sie ihn zusätzlich belohnen, indem Sie das Spielzeug immer wieder fortwerfen.

Nr. 7 — Einfache Klassiker

HAND DRAUF!

mit WHISPER

Beim „Pfötchengeben" legt Ihr Hund seine Pfote in Ihre ausgestreckte Hand. Sobald er sich daran gewöhnt hat, Ihnen die Pfote zu geben, können Sie ihm beibringen, auch der restlichen Familie und Ihren Freunden die Hand zu schütteln. Ihre Gäste werden Augen machen, wenn sie an der Tür von Ihrem Hund per Handschlag begrüßt werden. Mit etwas Geduld können Sie ihm sogar beibringen, die rechte oder linke Pfote zu geben. Diese Übung ist auch hilfreich bei der täglichen Pflege, denn sie erleichtert die Kontrolle der Krallen und Pfoten.

„SITZ!" — „GUTER JUNGE!" — „GIB PFÖTCHEN!"

1 Lassen Sie Ihren Hund „Sitz!" machen. Legen Sie ein Leckerli in Ihre Hand und verschließen Sie sie zur Faust. Halten Sie dem Hund die Faust vor die Nase. Er wird nun versuchen, das Leckerli zu befreien.

Siehe auch …
Schön „Sitz!" machen, S. 13
Winke, winke!, S. 38

2 Zunächst wird der Hund wahrscheinlich an Ihrer Hand schnüffeln und lecken, aber dann wird er versuchen, mithilfe der Pfote an das Leckerli zu kommen. Sobald er eine Pfote hebt, loben Sie ihn überschwänglich.

3 Wenn der Hund mit der Pfote Ihre Hand berührt, öffnen Sie sie und geben Sie das Leckerli frei. Wiederholen Sie die ersten Schritte, bis der Hund zuverlässig seine Pfote zu Ihrer Hand hebt. Nun können Sie den Befehl „Gib Pfötchen!" einführen. Später können Sie den Belohnungshappen dann weglassen.

Einfache Klassiker Nr. 8

HALLO ZUSAMMEN!
mit BLITZ

Nutzen Sie die kräftige Stimme Ihres Hundes, indem Sie ihm mithilfe eines Spielzeugs beibringen, auf Kommando zu bellen. Aber Vorsicht: Wenn Ihr Hund ohnehin schon viel bellt, sollten Sie diesen Trick vielleicht überspringen. Doch auch wenn Ihr Hund normalerweise sehr wenig bellt, sollten Sie sich gut überlegen, ob Sie ihm das Bellen mutwillig antrainieren wollen. Und belohnen Sie Ihren Hund niemals dafür, dass er im Haus oder draußen Menschen anbellt, denn das kann zum echten Problem werden.

Tipp
Arbeiten Sie mit einem „Ruhig!"-Befehl, um Ihren Hund dazu zu bringen, dass er aufhört zu bellen. Belohnen Sie ihn in diesem Fall, wenn er das Bellen unterlässt. Belohnen Sie ihn niemals fürs Bellen, wenn Sie ihn nicht dazu aufgefordert haben.

„GUTER JUNGE!"

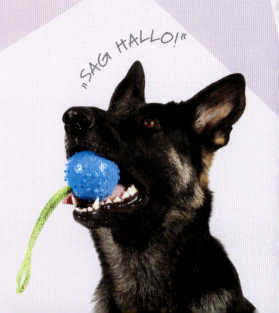

„SAG HALLO!"

1 Zeigen Sie Ihrem Hund ein Spielzeug, das er mag, halten Sie es jedoch außer Reichweite. Wahrscheinlich wird der Hund nun unruhig und springt auf. Er sollte es aber nicht erreichen können.

2 Früher oder später wird das den Hund frustrieren, und er wird anfangen zu bellen. Das kann ein bisschen dauern. Wenn er bellt, loben Sie ihn dafür.

3 Belohnen Sie den Hund, indem Sie ihm endlich das Spielzeug geben und mit ihm spielen. Wiederholen Sie die Schritte so oft, bis er anfängt zu bellen, sobald Sie ihm das Spielzeug vorenthalten. Nun führen Sie den Befehl „Sag hallo!" ein. Es ist wichtig, den Trick rasch mit dem Befehl zu kombinieren, damit der Hund nicht immer gleich bellt.

Nr. 9   *Einfache Klassiker*

ERGEBENSTER DIENER
mit CEDAR

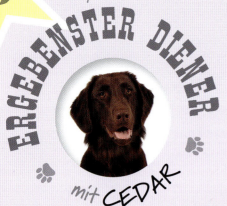

Sie haben Ihren Hund bestimmt schon dabei beobachtet, dass er sich verbeugt, wenn er im Park mit anderen Hunden spielt. Eine Verbeugung auf Kommando erregt viel Aufsehen, als Abschluss einer Reihe von Kunststücken wahrscheinlich sogar Applaus. Sie können jeden Trick auch mit einem Handzeichen oder einer Geste verknüpfen. Als optisches Signal für eine Verbeugung könnten Sie sich selbst verneigen, worauf Ihr Hund es Ihnen gleichtut. Ihre Freunde werden begeistert sein!

Sicherheit Dieser Trick eignet sich nicht für ältere Hunde mit Arthritis oder Hunde mit Rückenproblemen. Bei Bedenken zur Gesundheit Ihres Hundes fragen Sie bitte Ihren Tierarzt.

„BRAV!"

„VERBEUGEN!"

1 Stellen Sie sich vor Ihren Hund und halten Sie ihm ein Leckerli vor die Nase, um seine Aufmerksamkeit zu erregen. Führen Sie den Belohnungshappen nun langsam in Richtung Boden zwischen die Vorderpfoten des Hundes.

2 Sobald sich der Hund so weit bückt, dass seine Vorderbeine flach auf dem Boden aufliegen, loben und belohnen Sie ihn. Wahrscheinlich wird der Hund auch sein Hinterteil ablegen wollen. Belohnen Sie ihn, bevor er das tut.

3 Sobald der Hund die Bewegung zuverlässig beherrscht, können Sie den Befehl „Verbeugen!" einführen. Später können Sie auch versuchen, Ihren Hund länger in der Verbeugung verharren zu lassen.

Einfache Klassiker Nr. 10

BUSSI, BUSSI
mit PIPPA

Manche Hunde sind wirklich zärtlich und zeigen Ihren Besitzern Ihre Zuneigung, indem sie ihnen quer übers Gesicht lecken! Dieses „Küsschen" lässt sich zu einem Trick umbauen, bei dem Ihr Hund für etwas belohnt wird, das er ohnehin gern tut. Und mal ehrlich: Es ist doch schön, einmal ein Dankeschön für all die Spaziergänge zu bekommen, oder? Bedenken Sie, bevor Sie mit dem Training beginnen, dass Fremde nasse Hundeküsse oft gar nicht so putzig finden wie Sie. Belohnen Sie den Hund nur für sanfte Küsse, nicht für wildere Liebesbezeugungen.

1 Knien Sie sich vor Ihren Hund auf den Boden und sprechen Sie freudig auf ihn ein. Arbeiten Sie in dieser Phase noch nicht mit Leckerlis, denn diese würden ihn nur ablenken. In der Hosentasche sollten Sie aber schon ein paar Belohnungshappen bereithalten.

3 Sprechen Sie Ihrem Hund weiter zu. Irgendwann wird er Ihnen über das Gesicht lecken. Sobald er das tut, loben und belohnen Sie ihn. Bald wird er herausfinden, wofür er belohnt wurde, und den Trick wiederholen. Nun können Sie das Kommando „Küsschen!" einführen, wenn er Ihnen über das Gesicht leckt. Loben Sie ihn. Wenn Sie genug haben, sagen Sie „Runter!".

„GUTES MÄDCHEN!"

2 Ermuntern Sie den Hund dazu, Ihnen seine Zuneigung zu zeigen. Wenn er dazu bereit ist, lassen Sie ihn an sich hochspringen und die Vorderpfoten auf Ihre Schultern legen. Kleine Hunde können Sie zunächst auf Ihren Schoß locken.

„KÜSSCHEN!"

Nr. 11 Einfache Klassiker

FREUDENSPRÜNGE
mit PIPPA

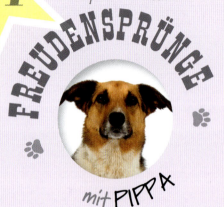

Dieser Trick wird Ihrem Hund einen Riesenspaß machen! Es ist fast so, als würde er dafür belohnt, in Ihrem Bett zu schlafen! Sie brauchen viel Platz für das Training, denn Ihr Hund könnte dabei ziemlich in Fahrt kommen. Akrobatische Tricks wie dieser eignen sich nicht für Welpen, ältere Hunde, Hunde mit Gelenkproblemen und sehr große Rassen, denn er belastet die Gelenke sehr stark. Vielen Hunden wird das Springen nicht schwerfallen, es kann aber ein paar Wochen dauern, bis es auf Kommando funktioniert.

1 Halten Sie dem Hund gut sichtbar ein Leckerli über die Nase. Wählen Sie eine Belohnung, die er unbedingt haben will, denn er wird sich anstrengen müssen, um sie zu bekommen. Wenn er Spielzeug mag, nehmen Sie ein solches.

2 Bei dem Versuch, das Leckerli zu bekommen, wird der Hund sich wahrscheinlich mit den Vorderbeinen vom Boden abstoßen. An diesem Punkt loben Sie ihn zwar, heben die Belohnung aber noch höher, sodass er sie auch durch Männchenmachen nicht erreicht.

„GUTES MÄDCHEN!"

„HOPP!"

3 Ermuntern Sie den Hund nun dazu, zu springen. Dazu loben und belohnen Sie jeden Versuch, bei dem er springt. Nach einer Pause probieren Sie es noch einmal, belohnen ihn aber erst, wenn er höher springt als zuvor. Dann führen Sie den Befehl „Hopp!" ein.

TIPP Als Alternative zu einem Wortkommando bietet sich hier an, einfach die Hand hochzureißen.

Siehe auch...
Hundetanz, S. 41
Nimm Platz!, S. 46

Einfache Klassiker Nr. 12

ROLLE

mit PECAN

Die Rolle macht den meisten Hunden richtig Spaß. Voraussetzung ist, dass Ihr Hund das Kommando „Platz!" beherrscht. Viele Hunde rollen sich von Natur aus gern hin und her, oft auch an nicht gerade appetitlichen Stellen. Diese lernen den Trick gewöhnlich sehr schnell. Wenn sich die Begeisterung Ihres Hundes in Grenzen hält, geizen Sie nicht mit Lob und Leckerlis und gehen Sie langsam vor. Lassen Sie den Hund sich erst daran gewöhnen, auf der Seite zu liegen. So wird er nach und nach Spaß an der Übung haben und den Trick vollständig ausführen.

1 Lassen Sie Ihren Hund „Platz!" machen. Sobald er auf dem Boden liegt, halten Sie ihm ein Leckerli vor die Nase und führen Sie es zu einer Seite. Ermuntern Sie den Hund dazu, Ihrer Hand zu folgen.

2 Bewegen Sie die Hand nun im Kreis und ermuntern Sie den Hund, der Bewegung zu folgen. Belohnen Sie ihn.

Siehe auch…

Auf und nieder, S. 15

3 Mit einem weiteren Leckerli und noch mehr Lob und Ermunterung bringen Sie den Hund nun dazu, noch weiter über den Rücken auf die andere Seite zu rollen. Wenn er auf dem Rücken liegt, sollten Sie ihm vielleicht noch eine Belohnung anbieten, um ihn zu motivieren.

4 Wenn der Hund die Rolle beendet hat, belohnen Sie ihn erneut. Wiederholen Sie diese Schritte so lange, bis Sie schließlich nur noch eine vollständige Rolle belohnen müssen. Sobald der Hund den Trick zuverlässig beherrscht, führen Sie das Kommando „Rollen!" oder eine Kreisbewegung mit der Hand ein.

Einfache Klassiker

ALLEZ HOPP!

mit SAM

Bei dieser Übung wird Ihr Hund lernen, auf Kommando über Ihre Knie zu springen. Wenn er die „Freudensprünge" bereits beherrscht, wird es ihm nicht mehr besonders schwerfallen, auch über Hindernisse zu springen. Vielleicht haben Sie schon einmal beobachtet, dass Leute ihren Hund über ihr ausgestrecktes Bein springen lassen. Wenn Sie das auch möchten, folgen Sie zunächst den Trainingsschritten unten. Dann erhöhen Sie die Schwierigkeit, indem Sie sich auf einen Stuhl setzen und schließlich aufstehen.

1 Setzen Sie sich mit ausgestreckten Beinen auf den Boden. Halten Sie ein Leckerli in der Hand und führen Sie es über Ihre Beine weg, damit der Hund ihm folgt und über das Hindernis steigt. Wenn er das tut, belohnen Sie ihn.

Siehe auch...

Nimm Platz!, S. 46
Durch den Reifen, S. 70

„BRAVER JUNGE!"

2 Wiederholen Sie Schritt 1 so oft, bis der Hund sicher über Ihre Beine steigt. Mit zunehmendem Eifer wird er bald weniger über das Hindernis steigen als vielmehr springen. Sobald er das tut, loben und belohnen Sie ihn kräftig.

Einfache Klassiker Nr. 13

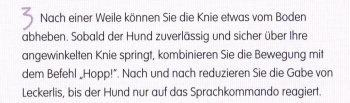

3 Nach einer Weile können Sie die Knie etwas vom Boden abheben. Sobald der Hund zuverlässig und sicher über Ihre angewinkelten Knie springt, kombinieren Sie die Bewegung mit dem Befehl „Hopp!". Nach und nach reduzieren Sie die Gabe von Leckerlis, bis der Hund nur auf das Sprachkommando reagiert.

Sicherheit Dieses Kunststück kann Hunden mit Gelenkproblemen oder langem Rücken ziemlich zusetzen. Gesünder ist es, den Hund nur über die ausgestreckten Beine steigen zu lassen.

4 Wenn Ihr Hund ein guter Springer ist, können Sie sich sogar auf einen Stuhl setzen und ihm auf die gleiche Weise wie oben beschrieben antrainieren, über Ihre ausgestreckten Beine zu springen. Um den Hund zu motivieren, müssen Sie aber wahrscheinlich wieder mit Leckerlis arbeiten.

Einfache Klassiker

HOL DIE LEINE!

mit BLITZ

Dieses Kunststück ist eine Erweiterung des „Bring!"-Befehls, zunächst sollte Ihr Hund also zuverlässig Spielsachen zurückbringen, bevor Sie ihm diesen Trick antrainieren. Wahrscheinlich wird Ihr Hund beim Training ziemlich aufgeregt sein, denn die Leine bedeutet normalerweise „Spaziergang". Wenn Sie Ihrem Hund beibringen können, die Leine von einem bestimmten Ort zu holen, ist er beschäftigt, bis Sie endlich den Haustürschlüssel gefunden haben. Zur Sicherheit sollte man die Leine während des Trainings zusammenknoten.

„BRING!" „HOL DIE LEINE!"

1 Lassen Sie den Hund zunächst ein paar Mal ein Lieblingsspielzeug apportieren. Ersetzen Sie das Spielzeug dann durch die Leine. Belohnen Sie das Interesse des Hundes mit einem Leckerli.

2 Wenn der Hund Spaß daran hat, die Leine zu holen, setzen Sie zunächst den „Bring!"-Befehl ein.

Siehe auch...

Aus und vorbei, S. 17
Hol's dir!, S. 19

Einfache Klassiker   Nr. 14

„AUS!"

Tipp Bewahren Sie die Leine immer am gleichen Ort auf. Durch Wiederholung wird Ihr Hund sich bald eingeprägt haben, wo er sie findet, und sie jederzeit holen können, wo immer im Haus er selbst gerade steckt.

3 Sobald der Hund die Leine zuverlässig zurückbringt, kombinieren Sie die Aktion mit dem Befehl „Hol die Leine!". Ihr Hund sollte inzwischen beherrschen, einen Gegenstand auf Kommando auch wieder loszulassen. Wenn der Hund Ihnen die Leine bringt, halten Sie die Hand unter sein Maul und sagen Sie „Aus!". So lernt der Hund, die Leine abzugeben.

„HOL DIE LEINE!"

Tipp Wenn Ihr Hund sich nicht recht begeistern lässt, trainieren Sie noch etwas normales Apportieren mit ihm. Belohnen Sie dabei jedes Interesse für die Leine besonders. Wenn Ihr Hund diesen Trick erst einmal beherrscht, sollten Sie nicht überrascht sein, wenn er Ihnen auch unaufgefordert die Leine bringt. Das ist allemal besser als lautes Gekläffe, also belohnen Sie seine „Höflichkeit".

4 Jetzt können Sie Ihrem Hund beibringen, die Leine an einem bestimmten Ort zu holen. Zeigen Sie ihm, wo Sie die Leine hinlegen. Dann fordern Sie ihn dazu auf, die Leine zu holen. Wenn der Hund die Leine holt, loben und belohnen Sie ihn. Aber denken Sie daran: Bei diesem Trick gehört der anschließende Spaziergang ebenso zur Belohnung wie das Leckerli!

TRICKS FÜR KÖNNER

Tricks für Könner   Nr. 15

BITTE, BITTE!

mit JD

Dieser Trick ist schon etwas anspruchsvoller, aber wenn Sie Ihren Hund für jeden kleinen Fortschritt belohnen, wird er schnell an Sicherheit gewinnen und viel Spaß am Training haben. Während des Trainings sollten Sie den Hund nicht vom Esstisch aus belohnen. Es sieht vielleicht niedlich aus, wenn er bei Tisch inständig bettelt, auf Dauer ist das aber sehr lästig. Hunde mit einem langen Rücken, etwa Dackel, sollten dieses Kunststück eher nicht machen, denn der Druck auf die Wirbelsäule wäre enorm.

1 Lassen Sie Ihren Hund „Sitz!" machen. Erregen Sie mithilfe eines Leckerlis seine Aufmerksamkeit. So weiß der Hund, dass Sie ihm etwas beibringen möchten.

2 Führen Sie das Leckerli vor der Nase des Hundes nach oben, sodass er sich aufrichtet. Die Vorderpfoten sollten sich vom Boden lösen, das Hinterteil sitzen bleiben. Klappt das nicht, beginnen Sie von Neuem.

3 Wenn der Hund das Gleichgewicht gefunden hat, belohnen Sie ihn. Sobald er die Position sicher beherrscht, führen Sie das Kommando „Mach bitte!" ein oder verwenden Sie die Handbewegung als Zeichen.

Tipp Manchmal dauert es eine Weile, bis ein Hund in dieser Position das Gleichgewicht findet, also haben Sie Geduld! Wenn Ihr Hund sich mit dieser Übung etwas schwertut, sollten Sie auch kleine Zwischenschritte belohnen.

Tricks für Könner

HOL DAS DING!
mit RIVA

Um diesen Trick zu lernen, muss Ihr Hund den Befehl „Bring!" sicher beherrschen. Auch die Übung „Hol die Leine!" erleichtert das Erlernen. Nun können Sie Ihrem Hund beibringen, bestimmte Gegenstände auf Zuruf zu holen. Dieser Trick fällt manchen Rassen, besonders solchen, die speziell fürs Apportieren gezüchtet wurden, leichter als anderen. Finden Sie heraus, was Ihren Hund motiviert, das ist schon die halbe Miete. Vielleicht können Sie Ihrem Hund sogar beibringen, verschiedene Gegenstände aus einer Reihe herauszuholen – ein echtes Kunststück!

„HOL DEN BALL!"

1 Bringen Sie Ihrem Hund zunächst bei, einen bestimmten Gegenstand zu holen. Gehen Sie dabei vor wie bei „Hol die Leine!", wählen Sie jedoch einen anderen Gegenstand und wandeln Sie den Befehl entsprechend ab.

2 Legen Sie den Ball sowie zwei weitere Gegenstände in etwa zehn Meter Entfernung vom Hund nebeneinander. Wählen Sie ungefährliche Dinge, für die sich Ihr Hund nicht von vornherein interessiert – Sie möchten ja, dass er die richtige Wahl trifft.

Tipp Wie alle Apportierübungen kann auch diese mit dem „Aus!"-Befehl kombiniert werden. Wenn der Hund Ihnen das angesagte Spielzeug bringt, halten Sie die Hand darunter und sagen Sie „Aus!", sodass er es in Ihre Hand fallen lassen kann.

Tricks für Könner   Nr. 16

„BRING DEN BALL!"

4 Sobald der Hund den Ball sicher auf Kommando holt, können Sie weitere Gegenstände in die Reihe legen, früher oder später sogar Spielsachen, die der Hund spannend findet. Das hebt die Schwierigkeit deutlich, also geizen Sie nicht mit Lob, wenn er den richtigen Gegenstand wählt.

Siehe auch...

Hol's dir!, S. 19
Hol die Leine!, S. 28
Hatschi!, S. 66

3 Lassen Sie den Hund „Sitz!" machen und fordern Sie ihn dazu auf, den Ball zu holen. Wenn er den Ball tatsächlich auswählt, überhäufen Sie ihn mit Lob und belohnen Sie ihn. Ermuntern Sie ihn, mit dem Ball zu Ihnen zurückzukommen. Sollte Ihr Hund den falschen Gegenstand holen, trainieren Sie noch ein wenig nur mit dem Ball und erst später mit mehreren Dingen.

33

Tricks für Könner

NEIN, DANKE!
mit KAI

Sie denken, das ist unmöglich? Es funktioniert! Und ist außerordentlich praktisch, wenn Ihr Hund gern allerhand mehr oder minder Essbares vom Boden aufsammelt oder unter Ihrem Esstisch nach Essensresten sucht. Dieser Trick kann Ihren Hund auch davor schützen, irgendetwas zu fressen, das ihm schaden könnte. Der Hund wird lernen, dass er eine Belohnung aus Ihrer einen Hand bekommt, wenn er ein Leckerli in der anderen ignoriert. Schließlich werden Sie den leckeren Happen sogar auf der flachen Hand halten können – er wird ihn nicht anrühren.

1 Knien Sie sich vor Ihren Hund und strecken Sie ihm auf der flachen Hand ein Leckerli hin. Der Hund soll das Leckerli zwar sehen, es aber nicht nehmen können.

2 Wenn sich der Hund dem Leckerli nähert, schließen Sie die Faust. Der Hund wird dann wahrscheinlich an der Hand schnuppern.

Tricks für Könner   Nr. 17

TIPP Üben Sie diesen Trick auch mit Futter auf dem Boden. Anstatt die Hand zu schließen, heben Sie das Futter zunächst vom Boden auf, sodass der Hund es nicht bekommen kann. Nach und nach wird Ihr Hund auf Kommando Essbares, aber auch anderes ignorieren – vorausgesetzt, Sie haben ihm eine ansprechende Alternative zu bieten.

„NEIN!"

„GUTER JUNGE!"

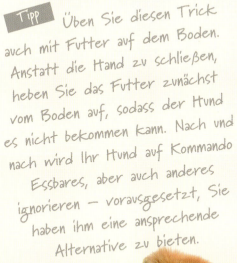

4 Sobald Ihr Hund sich abwendet, loben und belohnen Sie ihn. Tut er das schließlich zuverlässig, kombinieren Sie den Vorgang mit dem Befehl „Nein!", wenn Sie die Hand schließen. Nach einer Weile werden Sie das erste Leckerli auf der flachen Hand liegen lassen können, ohne dass Ihr Hund versucht, es zu nehmen.

3 Egal, wie heftig der Hund sich an Ihrer Faust zu schaffen macht: Öffnen Sie sie auf keinen Fall. Nun warten Sie so lange, bis der Hund das Interesse verliert. Das kann ein Weilchen dauern, immerhin haben Sie ihm etwas Leckeres in Aussicht gestellt. Passen Sie auf Ihre Finger auf!

Siehe auch...

Aus und vorbei, S. 17

35

Nr. 18 Tricks für Könner

HIGHFIVE

mit WHISPER

Dieser Trick ist eine Erweiterung der Pfötchengebens – Sie werden Ihrem Hund beibringen, eine Pfote noch höher zu heben, um mit Ihnen abzuklatschen. Damit schinden Sie sicher Eindruck! Zunächst muss der Hund das Pfötchengeben aber ganz sicher beherrschen. Sie können mit dem Kommando „Highfive!" arbeiten, aber natürlich auch mit einem Handzeichen. Hunden mit kurzen Beinen oder langem Rücken fällt diese Übung wahrscheinlich eher schwer. Verlangen Sie nicht mehr von Ihrem Hund, als er körperlich leisten kann.

1 Lassen Sie Ihren Hund „Sitz!" machen und üben Sie Pfötchengeben. Belohnen Sie ihn bereits hierbei für die richtige Ausführung. Wenn der Hund die Bewegung beherrscht, fahren Sie fort.

2 Bewegen Sie Ihre Hand nun etwas höher und halten Sie sie aufrecht. Wenn der Hund versucht, Ihre Hand mit der Pfote zu berühren, loben und belohnen Sie ihn. Mit jedem Mal heben Sie nun Ihre Hand ein wenig höher und belohnen den Hund für jeden Versuch, seine Pfote ebenso hoch zu heben.

Siehe auch...
Hand drauf!, S. 20

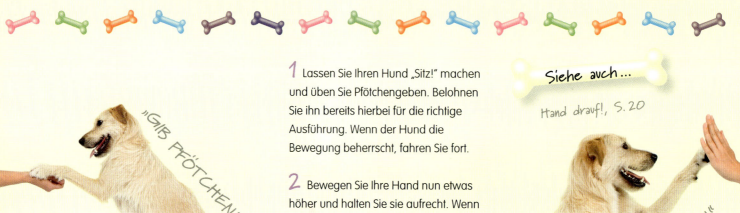

„GIB PFÖTCHEN!"

„GUTER JUNGE!"

„HIGHFIVE!"

Sicherheit Dieser Trick ist weder für sehr junge noch für ältere Hunde mit Arthritis geeignet, weil er die Wirbelsäule belasten kann.

3 Sobald der Hund Ihre Hand in der richtigen Position berührt, ergänzen Sie den Befehl „Highfive!" und loben und belohnen ihn. Nach einer Weile können Sie die Schritte mit der anderen Hand/Pfote trainieren. Arbeiten Sie dann aber auch mit einem anderen Befehl.

36

Tricks für Könner   Nr. 19

RUNDHERUM

mit LEO

Bei dieser einfachen Übung dreht sich der Hund einmal um die eigene Achse. Sie ist beliebter Bestandteil von Küren, zum Beispiel bei „Heelwork to Music". Beim Einstudieren der Drehung wird meist mit Leckerlis gearbeitet, um den Hund im Kreis zu locken. Vielleicht bevorzugt Ihr Hund aber auch ein Spielzeug. Dann können Sie ihn später mit einem Spiel belohnen. Mit jedem Spielchen, das sich der Hund durch eine „Pirouette" verdient hat, wird er den Trick beim nächsten Mal vor lauter Vorfreude noch schneller und besser ausführen. Hoffentlich wird ihm dabei nicht schwindelig!

1 Stellen Sie sich vor Ihren Hund. Führen Sie ein Leckerli mit der Hand über dem Kopf des Hundes im Kreis und ermutigen Sie ihn, der Bewegung zu folgen.

2 Wenn der Hund Ihrer Handbewegung folgt, fängt er fast von selbst an, sich zu drehen. In diesem Moment sollten Sie ihn belohnen. Wenn er sich weiter im Kreis bewegt, ermutigen Sie ihn. Es kann gut sein, dass er sich bereits beim ersten Versuch vollständig dreht.

3 Sobald Ihr Hund der Bewegung Ihrer Hand zuverlässig folgt (in einem Kreis über seinem Kopf), führen Sie den Befehl „Drehen!" ein. Wenn Sie die Drehung in beide Richtungen einstudieren möchten, erweitern Sie um „rechts" oder „links". Achten Sie darauf, die Richtung aus der Perspektive des Hundes anzugeben, sonst könnten Sie ihn verwirren.

„GUTER JUNGE!"

„DREHEN!"

Siehe auch …

Schön „Sitz!" machen, S. 13

Tricks für Könner

WINKE, WINKE!

mit PIPPA

Dieser Trick bringt besonders großen Spaß, denn bei Erfolg kann Ihr Hund Familie und Freunden zum Abschied winken! Die Bewegung ist eine ähnliche wie die von „Highfive", bei der der Hund seine Pfote besonders hoch hebt, um Ihre Hand zu berühren. Mit etwas Geduld wird daraus ein Winken. Am einfachsten ist es, dem Hund zunächst „Highfive" beizubringen. Später können Sie das Winken auch mit der anderen Pfote trainieren. Dazu gehen Sie genauso vor wie beschrieben, nur mit der anderen Hand. Schließlich winkt Ihr Hund mit beiden Pfoten abwechselnd!

„HIGHFIVE!"

1 Lassen Sie den Hund „Sitz!" machen. Trainieren Sie den Highfive-Trick, verwenden Sie dabei aber nur das Handzeichen, die aufrecht erhobene Hand. Sobald der Hund Ihre Hand mit der Pfote berührt, belohnen Sie ihn.

2 Nun bewegen Sie Ihre Hand langsam aus der Reichweite der Pfote weg. Belohnen Sie den Hund jedes Mal, wenn er die Pfote hebt, auch wenn er Ihre Hand nicht berührt.

Tricks für Könner   Nr. 20

Tipp Lassen Sie Ihren Hund beim Einstudieren dieses Tricks ruhig sitzen. Im Stehen ist die Übung deutlich schwieriger.

3 Steigern Sie die Entfernung zwischen Ihrer Hand und dem Hund weiter und loben und belohnen Sie ihn für jedes Heben der Pfote, aber immer etwas mehr, wenn er sie nach oben reckt, als wenn er sie auf Sie zubewegt. Es ist einfacher für den Hund, wenn er sitzt, während er die Pfote hebt. Winken Sie nun jedes Mal, wenn er die Pfote hebt.

„BRAVES MÄDCHEN!"

„WINKE, WINKE!"

4 Sobald Ihr Hund diesen Trick im Sitzen sicher beherrscht, führen Sie den Befehl „Winke, winke!" oder „Wiedersehen!" ein. Einem besonders eifrigen Hund können Sie sogar beibringen, mit beiden Pfoten gleichzeitig zu winken.

Siehe auch…

Schön „Sitz!" machen, S. 13
Hand drauf!, S. 20
Highfive, S. 36

39

Wahre Kunststücke **Nr. 21**

HUNDETANZ
mit ALICE

Dieser Trick macht beim Erlernen ebenso viel Spaß wie später den Zuschauern. Wenn Sie darüber nachdenken, mit Ihrem Hund „Heelwork to Music" zu betreiben, ist dieser Trick ein Muss. Der Hund steht auf den Hinterbeinen und tanzt herum. Wenn auch Sie gerne tanzen, machen Sie mit! Für Rassen mit langem Rücken und Hunden mit Gelenkproblemen eignet sich dieses Kunststück allerdings nicht. Wenn Ihr Hund dazu neigt, an Ihnen hochzuspringen, sollten Sie ebenfalls vorsichtig sein: Das Kunststück kann diese Unsitte weiter fördern.

„HOCH!"

„BRAV!"

„TANZEN!"

1 Halten Sie dem Hund ein Leckerli über den Kopf. Das wird ihn dazu bringen, sich auf die Hinterbeine zu stellen. Loben und belohnen Sie ihn, sobald er die Vorderpfoten vom Boden löst. Wenn er das zuverlässig beherrscht, führen Sie den Befehl „Hoch!" ein.

2 Wenn der Hund sicher Männchen macht, können Sie anfangen, das Leckerli über seinem Kopf hin und her zu bewegen. Wenn er der Bewegung folgt, beginnt er, auf den Hinterbeinen zu tanzen. Loben Sie ihn ausgiebig!

3 Beherrscht der Hund diese Schritte sicher, führen Sie den Befehl „Tanzen!" ein. Nach und nach schränken Sie die Belohnung mit Leckerlis ein, bis der Hund wahlweise auf das Kommando oder ein Handzeichen Ihrer Wahl reagiert.

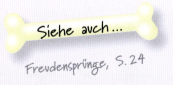

Siehe auch...

Freudensprünge, S. 24

Wahre Kunststücke

TASCHENTRÄGER

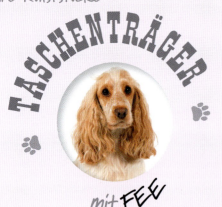

mit FEE

Dieser Trick ähnelt den Übungen „Hol die Leine!" und „Hol das Ding!". Dabei lernt der Hund, etwas aufzunehmen und es auf den Befehl „Trag!" neben Ihnen herzutragen. Besonders praktisch ist das natürlich, wenn Sie alle Hände voll haben. Aber denken Sie immer daran, dem Hund nicht fahrlässig einen wichtigen oder wertvollen Gegenstand anzuvertrauen – er könnte damit abhauen, sobald Sie ihm den Rücken zukehren, oder nach Herzenslust darauf herumkauen. Verwenden Sie zum Training am besten eine alte Handtasche oder Geldbörse – natürlich ohne Inhalt!

„HOL DIE TASCHE!"

1 Zunächst müssen Sie Ihrem Hund beibringen, auf Kommando Ihre Tasche zu holen, wie es bei „Hol die Leine!" beschrieben ist (nur dass Sie statt der Leine eben die Handtasche oder Geldbörse nehmen). Haben Sie Geduld, es kann ein bisschen dauern, bis der Hund diesen Trick beherrscht.

2 Sobald der Hund die Tasche sicher aufnimmt, ziehen Sie die Aktion immer weiter in die Länge. Das erreichen Sie, indem Sie sich weiter entfernen, wenn er Ihnen die Tasche bringen möchte. Loben Sie ihn ausgiebig, wenn er die Tasche hinter Ihnen herträgt.

„BRAVES MÄDCHEN!"

42

„TRAG!"   Wahre Kunststücke   Nr. 22

4 Sobald Ihr Hund gelernt hat, die Tasche zu tragen, führen Sie den Befehl „Trag!" ein. Belohnen Sie den Hund mit einem Leckerli aus der Tasche, wenn Sie sie wieder an sich genommen haben. Der Hund wird noch viel besser darauf aufpassen, wenn er weiß, dass sich etwas Leckeres darin befindet.

3 Signalisieren Sie dem Hund durch Klopfen an die Hosennaht, mit der Tasche neben Ihnen herzulaufen. Loben und belohnen Sie ihn, wenn das ein Stück weit geklappt hat. Ziehen Sie die Phase des Tragens immer weiter in die Länge, bevor Sie ihn belohnen.

Tipp Wenn Ihr Hund die Tasche fallen lässt, sollten Sie sie nicht aufheben. Zeigen Sie einfach darauf und fordern Sie ihn auf, sie zu holen. Sie können Ihrem Hund natürlich auch beibringen, andere Dinge zu tragen, zum Beispiel den matschigen Lieblingsball während des Spaziergangs!

Siehe auch...

Hol die Leine!, S. 28
Hol das Ding!, S. 32
Schlüsseldienst, S. 56

Wahre Kunststücke

SLALOMLAUF

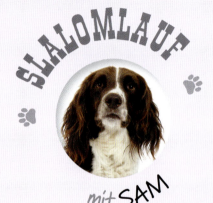

mit SAM

Dieser Trick ist schon etwas schwieriger, wird Ihre Freunde aber auch entsprechend beeindrucken. Hunde lieben dieses Kunststück, weil es Geist und Körper gleichermaßen fordert und obendrein Spaß macht. Während Sie gehen, schlüpft der Hund zwischen Ihren Beinen hindurch wie ein Webschiffchen. Wenn Ihnen das nicht reicht, können Sie es auch beim Joggen versuchen! Oder Sie gehen rückwärts. All das ist möglich. Aber denken Sie daran, sich auf eine Richtung festzulegen, bevor Sie mit dem Training beginnen.

„GUTER JUNGE!"

1 Lassen Sie den Hund neben Ihrem rechten Bein „Sitz!" machen. Machen Sie mit dem linken Bein einen großen Schritt vorwärts und bleiben Sie so stehen. Halten Sie ein Leckerli in der rechten Hand und bewegen Sie diese nun unter dem linken Bein hindurch. Ermuntern Sie Ihren Hund dazu, dem Leckerli zu folgen.

2 Wenn der Hund zwischen Ihren Beinen durchgeht, nehmen Sie das Leckerli in die andere Hand und führen Sie es weiter zwischen den Beinen hindurch. Sobald der Hund auf der anderen Seite herauskommt, loben und belohnen Sie ihn. Wiederholen Sie diesen Schritt, bis er sicher zwischen Ihren Beinen durchgeht.

Wahre Kunststücke Nr. 23

Siehe auch...
Slalom, S. 74

„SLALOM!"

3 Machen Sie nun mit dem rechten Bein einen großen Schritt vorwärts. Locken Sie den Hund wiederum mit einem Leckerli unter dem rechten Bein hindurch zurück. Während Sie zwei Schritte machen, sollte der Hund eine komplette Acht um Ihre Beine ziehen. Zögern Sie die Belohnung immer weiter hinaus.

4 Sobald der Hund Ihrer Hand zuverlässig folgt, lassen Sie das Leckerli weg und reduzieren Sie nach und nach die Handbewegung auf ein Deuten. Sie können auch den Befehl „Slalom!" einführen. Machen Sie immer mehr Schritte, bis der Hund sich fortlaufend zwischen Ihren Beinen hindurchschlängelt.

Tipp Dieser Trick ist bei den besonders beweglichen Border Collies sehr beliebt. Manche Hunde sind natürlich einfach zu groß für dieses Kunststück — es sei denn, Sie haben besonders lange Beine.

45

Wahre Kunststücke

NIMM PLATZ!

mit KAI

Diesen Trick sollten Sie nur in Verbindung mit dem dazugehörigen Befehl ausführen, damit Ihr Hund nicht glaubt, er dürfe einfach auf alle Möbel springen! Wenn er ohnehin dazu neigt – oder Sie den Verdacht haben, dass er es tut, wenn Sie aus dem Haus sind –, ist es sogar ratsam, diese Unsitte in ein antrainiertes Verhalten umzuwandeln. Auf diese Weise verhindern Sie, dass Ihr Sofa nach jedem Spaziergang zum matschigen Liegeplatz wird. Nach und nach können Sie dem Hund beibringen, auch auf andere Dinge zu springen, als Vorstufe für schwierigere Tricks.

„GUTER JUNGE!"

1 Suchen Sie einen sicheren – und nicht zu wertvollen – Stuhl aus, auf dem Ihr Hund bequem Platz hat. Lassen Sie den Hund vor dem Stuhl „Sitz!" machen, Sie selbst stellen sich hinter den Stuhl. Ermuntern Sie ihn mithilfe eines Leckerlis, seine Vorderpfoten auf den Stuhl zu stellen, indem Sie auf den Sitz klopfen.

2 Bei Erfolg loben und belohnen Sie den Hund. Wenn er unsicher ist, sollten Sie ihn zunächst schon dafür belohnen, dass er nur eine Pfote auf den Stuhl stellt. Setzen Sie das Training dann in kleineren Schritten fort.

Wahre Kunststücke Nr. 24

"HOPP!"

3 Bringen Sie den Hund mit einem weiteren Leckerli dazu, ganz auf den Stuhl zu springen. Wenn er oben ist – und es sich noch nicht zu bequem gemacht hat –, belohnen Sie ihn. Sobald der Hund zuverlässig auf den Sitz springt, führen Sie das Kommando „Hopp!" ein, wenn er auf den Stuhl springt.

Sicherheit Dieser Trick ist nichts für große Hunde mit einem langen Rücken und ältere Tiere.

"RUNTER!"

Tipp Wenn Ihr Hund zunächst zögert, auf den Stuhl zu springen, ist das kein Grund zur Sorge. Arbeiten Sie in kleinen Schritten. Wenn Sie nicht sicher sind, ob Ihr Hund Spaß an dem Trick hat, wählen Sie einen anderen.

Siehe auch ...

Durch den Reifen, S. 70
Auf dem Tisch bleiben, S. 78

4 Jetzt kommt der schwierigere Teil. Locken Sie den Hund mit einem Leckerli vom Stuhl herunter, damit er lernt, ruhig und sicher wieder herunterzuspringen. Wenn das klappt, können Sie den Befehl „Runter!" einführen. Üben Sie den Trick mit verschiedenen Stühlen, aber achten Sie immer auf Sicherheit – wackelige Stühle oder solche mit Rollen sind natürlich nicht geeignet.

47

Wahre Kunststücke

INS KÖRBCHEN!
mit FEE

Dieser einfache Trick ist vielfach nutzbar. Zum Beispiel können Sie Ihren Hund dazu bringen, sich während Ihrer Mahlzeiten hinzulegen, statt unter dem Tisch zu lauern. Sie können ihn auch davon abhalten, zur Begrüßung an Ihren Gästen hochzuspringen. Wenn Sie das Training langsam angehen lassen, lernt Ihr Hund, sich auch in aufregenden Situationen schnell zu beruhigen. Aber verwenden Sie das Kommando nie, um Ihren Hund zu bestrafen. Das Körbchen sollte ein positiver Platz für den Hund sein, nie ein Verbannungsort bei schlechtem Betragen.

1 Trainieren Sie zunächst den Befehl „Platz!" mit Ihrem Hund. Erlauben Sie ihm dann aufzustehen und legen Sie ein Leckerli in sein Körbchen.

2 Der Hund wird nun wahrscheinlich in sein Körbchen steigen, um sich den Happen zu holen. Loben Sie ihn für jede Bewegung in Richtung Körbchen!

Wahre Kunststücke   Nr. 25

„PLATZ!"

3 Mit einem weiteren Leckerli locken Sie den Hund nun mit allen vieren ins Körbchen. Ermutigen Sie ihn dann dazu, sich hinzulegen. Sobald er liegt, loben und belohnen Sie ihn.

„INS KÖRBCHEN!"

TIPP Damit Ihr Hund länger liegen bleibt, sollten Sie ihm in regelmäßigen Abständen Leckerlis geben. Stellen Sie das Körbchen an verschiedenen Stellen im Haus auf, damit der Hund lernt, sich überall hinzulegen. Zeigen Sie ihm deutlich, wenn das Training vorbei ist, zum Beispiel durch einen Befehl wie: „Raus mit dir!"

Siehe auch…

Auf und nieder, S. 15

4 Wiederholen Sie die oben erklärten Schritte. Wenn der Hund Anstalten macht, sich hinzulegen, führen Sie den Befehl „Ins Körbchen!" ein und belohnen Sie ihn. Sobald er sicher auf den Befehl reagiert, können Sie die Gabe von Leckerlis reduzieren. Nach und nach lernt der Hund so, sich auf Kommando ins Körbchen zu legen, auch wenn Sie nicht unmittelbar danebenstehen.

Wahre Kunststücke

HÜBSCH ORDENTLICH

mit KAI

Mussten Sie beim Betreten Ihres Wohnzimmers schon einmal feststellen, dass Ihr Hund den Inhalt seiner Spielzeugkiste übers ganze Zimmer verteilt hat? Jetzt können Sie ihm beibringen, nach dem Spielen selbst wieder aufzuräumen. Bei diesem Trick lernt der Hund, jedes Spielzeug einzeln aufzuheben und in eine Spielzeugkiste zu legen. Dazu sollte er allerdings zunächst die Befehle „Aus!" und „Hol!" beherrschen. Beide zusammen machen aus Ihrem Hund ein Wunder an Ordnungssinn! Es kann passieren, dass er später eifrig sogar Ihre Sachen aufräumt.

„HOL DAS SPIELZEUG!"

1 Suchen Sie eine geeignete Spielzeugkiste – nicht zu klein – und ein Lieblingsspielzeug aus. Stellen Sie die Kiste vor den Hund, Sie hocken sich dahinter. Zeigen Sie dem Hund das Spielzeug und legen Sie es neben die Kiste. Fordern Sie ihn dazu auf, das Spielzeug zu holen.

„AUS!"

2 Der Hund wird versuchen, Ihnen das Spielzeug zu bringen, sorgen Sie also dafür, dass die Kiste genau zwischen Ihnen beiden steht. Wenn der Kopf des Hundes mit dem Spielzeug im Maul über der Kiste ist, deuten Sie hinein und sagen Sie: „Aus!"

50

Wahre Kunststücke Nr. 26

"AUFRÄUMEN!"

3 Mit dem richtigen Timing wird der Hund das Spielzeug in die Kiste fallen lassen. Loben und belohnen Sie ihn dafür. Wiederholen Sie die ersten Schritte so oft, bis der Hund das Spielzeug zuverlässig in die Kiste fallen lässt. Wenn er das Spielzeug aufnimmt, sagen Sie: „Aufräumen!"

4 Bewegen Sie die Kiste nach und nach immer weiter von sich weg und wiederholen Sie die oben beschriebenen Schritte. Nehmen Sie sich Zeit – dieser Trick erfordert Geduld. Erweitern Sie das Training um andere Spielsachen. Vergessen Sie nie das Leckerli für jedes Spielzeug, das er in die Kiste fallen lässt. Wenn er den Trick beherrscht, können Sie die Belohnungen langsam reduzieren.

Tipp Um bei diesem Trick Fortschritte zu machen, müssen Sie die Kiste nach und nach immer weiter von sich entfernen. Vielleicht fällt es dem Hund schwerer, die Spielsachen in die Kiste zu legen, wenn er weiter von Ihnen entfernt ist. Lassen Sie sich also Zeit, für diesen Trick braucht man Geduld.

Siehe auch...

Aus und vorbei, S. 17
Hol das Ding!, S. 32

Wahre Kunststücke

BALANCE & FANGEN
mit PECAN

Bei diesem Trick lernt Ihr Hund, etwas Leckeres auf der Nase zu balancieren, es auf Ihr Kommando hochzuwerfen und dann aus der Luft aufzufangen. Wow! Die meisten Hunde lieben diesen Trick, es kann aber einige Zeit dauern, bis sie ihn beherrschen, also nur Geduld! Es könnte das Einstudieren erleichtern, wenn Sie das Balancieren und das Fangen getrennt voneinander trainieren und jeden Teil zunächst als eigene Übung betrachten. Wählen Sie außerdem ein großes, flaches Leckerli, das sich gut auf der Hundenase balancieren lässt.

„STILL!"

1 Lassen Sie Ihren Hund „Sitz!" machen und stützen Sie sein Kinn mit der Hand. In der anderen Hand halten Sie in sicherer Entfernung ein Leckerli und bewegen es langsam über die Nase des Hundes. Wenn er den Kopf still hält, belohnen Sie ihn. Führen Sie den Befehl „Still!" ein und reduzieren Sie langsam die Stützfunktion Ihrer Hand.

2 Legen Sie das Leckerli auf die Nase des Hundes. Es wird die endgültige Belohnung sein. Um die Versuchung möglichst klein zu halten, sollten Sie noch ein Leckerli in der anderen Hand haben.

Siehe auch...

Schön „Sitz!" machen, S. 13

Wahre Kunststücke Nr. 27

Tipp Auch wenn es einige Zeit dauert, bis Ihr Hund den Kopf ganz still hält: Verlieren Sie nicht die Geduld! Ihr Hund lernt leichter, wenn Sie ihn nicht unter Druck setzen.

„FANG!"

3 Nun müssen Sie den Hund auf die Fangphase einstellen. Zunächst muss er lernen, ein Leckerli aus der Luft zu fangen, wenn Sie es hochwerfen. Sobald er das zuverlässig beherrscht, verwenden Sie den Befehl „Fang!" ganz kurz, bevor das Leckerli in seinem Maul landet. Die Wurfbewegung können Sie als Handzeichen verwenden.

4 Lassen Sie den Hund „Sitz!" machen, befehlen Sie ihm „still!" zu halten und ein Leckerli auf der Nase zu balancieren. Tun Sie dann so, als würden Sie ein Leckerli in die Luft werfen, und sagen Sie „Fang!". Wenn der Hund den Kopf nach oben reißt, wirft er das Leckerli in die Luft und kann es fangen, wenn es herunterkommt.

Wahre Kunststücke

SCHÄM DICH!

mit KAI

Dieser Trick ist ziemlich schwirig, und es wird einige Zeit und Geduld brauchen, bis er richtig sitzt. Belohnen Sie Ihren Hund hier also schon für ganz kleine Fortschritte. Ihr Lohn ist, dass Ihr Hund später, bei der gekonnten Ausführung dieses Tricks, einfach unendlich süß aussehen wird. Die Übung umfasst auch eine ganz neue Bewegung: Der Hund muss den Kopf auf den Boden legen. Wenn Ihr Hund nur eine Pfote über die Schnauze legt, belohnen Sie ihn irgendwann nicht mehr dafür. Warten Sie stattdessen mit Lob und Belohnung, bis er beide Pfoten nimmt.

1 Bringen Sie Ihrem Hund zunächst den „Winke, winke!"-Trick bei, während er „Sitz!" macht, und loben und belohnen Sie ihn ausgiebig, wenn er die Bewegung richtig ausführt. Sobald er diese Aktion sicher beherrscht, üben Sie das Winken mit beiden Pfoten.

2 Fordern Sie den Hund nun dazu auf, sich hinzulegen. Lassen Sie ihn in dieser Stellung winken. Im Liegen wird das dem Hund sicher etwas schwerer fallen. Loben und belohnen Sie ihn deshalb reichlich für jeden Versuch, eine Pfote vom Boden zu heben.

Wahre Kunststücke   Nr. **28**

„GUTER JUNGE!"

3 Wenn der Hund Schritt 2 beherrscht, lassen Sie ihn „Platz!" machen. Halten Sie ein Leckerli vor ihn auf den Boden und ermuntern Sie ihn, den Kopf abzulegen. Loben und belohnen Sie ihn für die Ausführung. Bringen Sie Ihren Hund dazu, länger in dieser Stellung zu verharren, indem Sie die Belohnung von Mal zu Mal etwas länger hinauszögern.

„SCHÄM DICH!"

Tipp Achten Sie darauf, die Trainingseinheiten möglichst kurz zu halten und immer bei einem Erfolg zu unterbrechen. Es wird ein Weilchen dauern, bis Ihr Hund versteht, für was genau er belohnt wird, also bewahren Sie Geduld und gehen Sie in kleinen Schritten vor.

Siehe auch...

Schön „Sitz!" machen, S. 13
Auf und nieder, S. 15
Winke, winke!, S. 38

4 Wenn der Hund den Kopf auf den Boden gelegt hat, setzen Sie sich neben ihn und fordern Sie ihn auf zu winken. Der Hund wird versuchen, Ihnen zuzuwinken. Wenn er seine Pfote in Richtung Nase bewegt, belohnen Sie ihn. Sobald der Hund die Bewegung zuverlässig mit beiden Pfoten beherrscht, führen Sie das Kommando „Schäm dich!" ein.

55

Wahre Kunststücke

SCHLÜSSELDIENST
mit BLITZ

Damit dieser Trick funktioniert, müssen Sie Ihrem Hund zunächst beibringen, die Schlüssel auf Kommando zu holen. Dazu folgen Sie den Schritten für den „Hol das Ding!"-Trick. Wenn Ihr Hund die Schlüsselsuche erst einmal beherrscht, haben Sie stets einen willigen Helfer, wenn Sie wieder einmal nichts finden. Und das alles kostet Sie nur ein gelegentliches Lob oder Leckerli. Wegen des unangenehmen Geschmacks von Metall nehmen Hunde Schlüssel nicht gern ins Maul. Befestigen Sie einfach ein Stück Stoff oder ein Spielzeug am Schlüssel, damit der Hund ihn aufnehmen kann.

„BLEIB!"   „SUCH DEN SCHLÜSSEL!"

1 Bringen Sie dem Hund bei, den Schlüssel aus einer Reihe von Dingen zu holen. Mithilfe der Kommandos „Sitz!" und „Bleib!" lassen Sie den Hund dabei zusehen, wie Sie die Schlüssel irgendwo ablegen.

2 Gehen Sie zu Ihrem Hund zurück und fordern Sie ihn mit dem Befehl „Such den Schlüssel!" dazu auf, den Schlüssel zu holen. Sobald er den Schlüssel gefunden hat, loben Sie ihn ausgiebig und ermuntern Sie ihn dazu, zu Ihnen zurückzukommen.

Wahre Kunststücke Nr. 29

Siehe auch…
Schön „Sitz!" machen, S. 13
Freudige Erwartung, S. 14
Hol das Ding!, S. 32

"GUTER JUNGE!"

4 Sobald der Hund den Schlüssel sicher in einfacheren Verstecken findet, lassen Sie ihn nicht mehr beim Verstecken zusehen. Vergessen Sie nicht, den Hund stets zu ermutigen, während Sie arbeiten. Wenn er den Schlüssel findet, fordern Sie ihn auf, ihn zurückzubringen.

3 Wenn der Hund den Schlüssel zuverlässig zurückbringt, loben und belohnen Sie ihn. Wiederholen Sie nun die ersten Schritte, legen Sie den Schlüssel diesmal jedoch an eine weniger offensichtliche Stelle. Arbeiten Sie wieder mit „Sitz!" und „Bleib!" und lassen Sie den Hund dabei zusehen, wie Sie den Schlüssel ablegen.

Tipp Bis Ihr Hund Schlüssel findet, von denen Sie selbst nicht wissen, wo sie sind, wird es natürlich eine Weile dauern. Wenn er während des Trainings Unsicherheit zeigt, bestärken Sie ihn, wenn er sich dem Schlüssel nähert. Vertrauen Sie darauf, dass er ihn schließlich erschnüffeln wird.

Wahre Kunststücke

TÜR ZU!

mit KAI

Dieser Trick kann sehr hilfreich sein, etwa wenn Sie gemütlich im Wohnzimmer sitzen und plötzlich ein eisiger Luftzug durch die offene Tür weht. Die Übung sieht zwar schwierig aus, ist aber eigentlich unkompliziert. Sie sollten Ihren Hund jedoch auf keinen Fall dazu ermutigen, Türen zu schließen, die dann verschlossen sind. Auch frisch lackierte oder neue Türen eignen sich nicht so gut für diesen Trick. Bedenken Sie, dass Ihr Hund im Eifer des Gefechts auch unaufgefordert Türen schließen könnte, vielleicht sogar in fremden Häusern!

1 Halten Sie ein Leckerli an einer geschlossenen Tür so hoch, dass der Hund springen muss, um es zu erreichen. Wenn er an der Tür hochspringt und sich mit den Füßen an ihr abstützt, loben und belohnen Sie ihn.

„GUTER JUNGE!"

Sicherheit Für ältere Hunde und Tiere mit Rückenproblemen eignet sich dieser Trick nicht, denn er belastet die Gelenke.

2 Öffnen Sie die Tür einen Spalt breit. Wiederholen Sie Schritt 1. Das Gewicht des Hundes sollte die Tür zudrücken, wenn er daran hochspringt. Wenn die Tür zuschlägt, könnte das den Hund erschrecken. Ermutigen Sie ihn dann, noch einmal an der geschlossenen Tür hochzuspringen, und belohnen Sie ihn dafür.

58

Wahre Kunststücke   **Nr. 30**

Tipp Dieser Trick funktioniert natürlich nur bei Türen, die man zudrücken kann. Sie können Ihrem Hund aber auch beibringen, eine Tür zuzuziehen. Dazu müssen Sie einen Ball an einem Seil an der Tür befestigen und dem Hund beibringen, an dem Ball zu ziehen.

„GUTER JUNGE!"

„TÜR ZU!"

4 Wenn der Hund zuverlässig auf das Kommando hört, bewegen Sie sich immer weiter von der Tür weg, bevor Sie ihn dazu auffordern, die Tür zu schließen. Sie können die Tür auch weiter öffnen, damit der Hund sich etwas mehr anstrengen muss.

3 Sobald der Hund die Tür zuverlässig zumacht, führen Sie das Kommando „Tür zu!" ein, kurz bevor er springt. Dann reduzieren Sie langsam die (Hand-)Bewegungen, bis der Hund auf das bloße Kommando reagiert.

TÜREN ÖFFNEN

Mit einer ganz ähnlichen Methode können Sie Ihrem Hund auch beibringen, Türen zu öffnen. Dazu muss er allerdings lernen, die Türklinke herunterzudrücken. Aber denken Sie daran: Sobald Ihr Hund Türen öffnen kann, ist kein Raum im Haus mehr vor ihm sicher!

59

Wahre Kunststücke

KRIECHTIER
mit PIPPA

Dieser Trick macht einiges her. Zunächst lernt Ihr Hund, auf Sie zuzukriechen. Aber mit der Zeit und etwas Übung wird er dazu in der Lage sein, in jede erdenkliche Richtung zu kriechen, sogar von Ihnen weg. Wenn Ihr Hund während des Trainings aufsteht, locken Sie ihn mit Leckerlis unter ein niedriges Hindernis, zum Beispiel ein ausgestrecktes Bein. Das wird den Hund dazu ermutigen, unten zu bleiben. Wenn Sie diesen Trick noch spektakulärer gestalten möchten, können Sie Ihren Hund auch im Slalomkurs zwischen Ihren Beinen durchkriechen lassen!

1 Knien Sie sich vor Ihren Hund und lassen Sie ihn „Platz!" machen. Zeigen Sie ihm, dass Sie ein ganz besonders reizvolles Leckerli in der Hand haben.

2 Halten Sie das Leckerli zwischen den Vorderpfoten des Hundes auf den Boden und bewegen Sie es langsam von seiner Nase weg. Wenn er aufsteht, fordern Sie ihn auf, sich wieder hinzulegen, und versuchen Sie es noch einmal.

Wahre Kunststücke Nr. 31

3 Sobald der Hund beginnt, sich kriechend auf das Leckerli zuzubewegen, loben und belohnen Sie ihn ausgiebig. Belohnen Sie ihn für jede noch so kleine Bewegung auf Sie zu, bei der er nicht aufsteht.

TIPP Jedes Mal, wenn der Hund sich erhebt, gehen Sie einen Lernschritt zurück und belohnen ihn für eine kürzere im Kriechen zurückgelegte Distanz. Seien Sie auch bei kleinen Erfolgen großzügig!

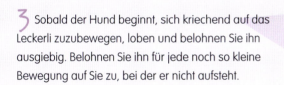

„GUTES MÄDCHEN!"

„KRIECHEN!"

4 Sobald der Hund das Kriechen sicher beherrscht, führen Sie das Kommando „Kriechen!" ein. Reduzieren Sie nach und nach die Gabe von Leckerlis. Je länger Sie die Belohnung herauszögern können, umso weiter kriecht der Hund.

Siehe auch…

Auf und nieder, S. 15
Rundherum, S. 37
Slalomlauf, S. 44

Wahre Kunststücke

SPURENSUCHE
mit ALICE

Hunde verlassen sich von Natur aus auf ihren Geruchssinn, um etwas zu finden. Dieser Trick entspricht also genau ihren Neigungen. Er basiert auf dem gleichen Prinzip, das bei der Ausbildung von Suchhunden, die zum Beispiel menschlichen Spuren folgen sollen, angewendet wird. Mit dem schlichten Befehl „Such!" können Sie Ihren Hund dazu bringen, einer Nahrungsspur zu folgen. Wenn Ihr Hund auf Spaziergängen von ganz allein immer etwas Essbares findet, sollten Sie aufpassen: Die Übung verstärkt diesen Beutedrang noch.

Siehe auch…
Schön „Sitz!" machen, S. 13
Freudige Erwartung, S. 14
Auf und nieder, S. 15

1 Suchen Sie sich ein paar besonders reizvolle Belohnungshappen aus. Lassen Sie den Hund „Sitz!" machen und dabei zusehen, wie Sie ein Leckerli in einer geraden Linie über den Boden ziehen. Entlang der Spur legen Sie immer mal wieder ein Leckerli ab, am Ende der Spur ein paar.

2 Ermutigen Sie Ihren Hund, der Geruchsspur zu folgen, indem Sie auf den Startpunkt deuten und sagen: „Such!" Der Geruch der Leckerlis auf dem Boden müsste Ihren Hund auf dem schnellsten Weg zur ersten Belohnung führen.

Wahre Kunststücke Nr. 32

„GUTES MÄDCHEN!"

3 Wenn Ihr Hund das Leckerli findet, loben Sie ihn kräftig. Lassen Sie ihn weiterschnüffeln, an der Spur entlang, und die Happen unterwegs einsammeln. Falls nötig, legen Sie ein paar mehr Leckerlis auf die Spur, um die Konzentration des Hundes zu steigern.

Tipp Bauen Sie das Training aus, indem Sie die Spur komplizierter machen, mit Ecken, Hindernissen und anderen Gerüchen – ein Park ist der perfekte Ort dafür. Schließlich kann man die Sache auch erschweren, indem man kurze „Geruchslücken" einbaut, sodass der Hund ein wenig suchen muss, um die Spur wieder aufnehmen zu können.

4 Am Ende der Spur sollte Ihr Hund eine extragroße Belohnung bekommen. Sobald der Hund an Sicherheit gewinnt, können Sie die Leckerlis auf der Spur langsam reduzieren, bis der Hund einfach dem Geruch bis zur großen Belohnung am Ende folgt.

Wahre Kunststücke

LICHT AN!

mit KAI

Bei diesem Trick erlernt Ihr Hund, an einem Zugschalter zu ziehen, um eine Lampe an- oder auszuschalten. Zunächst benötigen Sie dazu eine frei bewegliche Schnur. Bevor Sie es mit einer befestigten Schnur versuchen, sollten Sie sicherstellen, dass diese stabil genug ist. Sie können Ihrem Hund auch beibringen, Wandschalter zu betätigen, aber den meisten Hunden fällt das eher schwer. Halten Sie anfangs eine Lampenschnur in der Hand, um dem Hund beizubringen, diese mit der Pfote zu berühren. Bewegen Sie die Schnur hin und her, bis der Hund das Kommando „Licht an!" versteht.

„GUTER JUNGE!"

1 Verwenden Sie eine Lampenschnur oder eine Schnur mit einem Knoten am Ende, um das Ziehen zu üben, bevor Sie mit einem echten Zugschalter arbeiten. Wecken Sie das Interesse Ihres Hundes, indem Sie die Schnur auf dem Boden und in der Luft hin und her bewegen.

2 Sobald Ihr Hund die Schnur mit dem Maul erfasst, loben und belohnen Sie ihn. Wiederholen Sie das so lange, bis der Hund Spaß daran hat, die Schnur zu fassen.

Siehe auch...

Hand drauf!, S. 20

Wahre Kunststücke Nr. 33

„LICHT AN!"

3 Während Ihr Hund die Schnur hält, ziehen Sie sie sanft weg. Sobald der Hund das merkt, wird er versuchen dagegenzuhalten. Wenn er das tut, loben und belohnen Sie ihn. Sobald er zuverlässig an der Schnur zieht, führen Sie den Befehl „Licht an!" ein.

4 Nun können Sie zu einem echten Zugschalter übergehen. Je höher dieser hängt, umso schwieriger ist das natürlich. Motivieren Sie Ihren Hund. Anfangs belohnen Sie ihn für das Ziehen an der Schnur, später nur noch, wenn er das Licht tatsächlich an- oder ausschaltet.

„BRAVER JUNGE!"

Sicherheit Dieser Trick ist nichts für Welpen, ältere Hunde, Hunde mit Gelenkproblemen und besonders große Rassen, denn es belastet die Gelenke, wenn der Hund auf- und abspringt.

65

Wahre Kunststücke

HATSCHI!

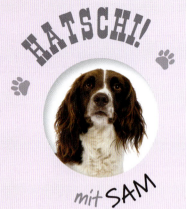

mit SAM

Bevor Sie an diesem Trick arbeiten können, muss Ihr Hund das Kommando „Hol!" beherrschen. Statt das Taschentuch auf Nennung hin zu holen, wird der Hund lernen, es zu bringen, wenn Sie niesen – das Niesen wird zum Kommando. Anfangs sollten Sie die Schachtel mit den Tüchern auf den Boden stellen, später sollten auch höhere Standorte kein Problem mehr sein. Wenn Ihr Hund gern Sachen durchkaut, wird er das Taschentuch vielleicht lieber zerkauen, als dass er es Ihnen bringt. In diesem Fall sollten Sie ein Stofftaschentuch verwenden.

1 Wecken Sie zunächst das Interesse Ihres Hundes für die Taschentücherbox. Bewegen Sie die Box dazu auf dem Boden hin und her. Früher oder später wird der Hund versuchen, die Taschentücher zu fassen, die oben herausstehen. Wenn er das tut, belohnen Sie ihn.

„HOL DAS TUCH!"

2 Fordern Sie Ihren Hund auf, ein Taschentuch zu holen, und ermuntern Sie ihn, es Ihnen zu bringen, wie Sie es beim Kommando „Hol das Ding!" tun. Stecken Sie das Taschentuch dabei immer wieder in die Box zurück.

Wahre Kunststücke Nr. 34

„HATSCHI!"

3 Sobald der Hund Ihnen das Taschentuch zuverlässig bringt, führen Sie das Kommando „Hatschi!" ein. Dabei nehmen Sie Ihre Hände vor die Nase in dem Moment, in dem er das Taschentuch aus der Box nimmt. Während er es aus der Schachtel zieht, loben und belohnen Sie ihn mit einem reizvollen Leckerli.

Tipp Nach und nach wird Ihr Hund lernen, wenn Sie niesen, nach der Box mit den Taschentüchern zu suchen. Leichter wird das, wenn Sie sie immer an der gleichen Stelle aufbewahren.

„GUTER JUNGE!"

4 Schon bald wird Ihr Hund begriffen haben, dass er Lob und Belohnung erhält, wenn er Ihnen bei Niesen ein Taschentuch bringt. Mit der Zeit und etwas Übung wird er das ganz ohne weitere Zeichen und Hilfen beherrschen.

Siehe auch...

Hol's dir!, S. 19
Hol das Ding!, S. 32

Agility-Training Nr. 35

DURCH DEN TUNNEL
mit HULA

Dies ist eine gängige Agility-Übung, die die meisten Hunde lieben. Für das Training können Sie einen offenen Krabbeltunnel für Kinder verwenden – vorausgesetzt, Ihr Hund ist nicht zu groß dafür. Einigen Hunden ist der Tunnel anfangs nicht ganz geheuer. Sorgen Sie deshalb dafür, dass Ihr Hund den Ausgang vom Eingang aus sehen kann und dass der Tunnel nicht wackelt. Sobald der Hund die Übung sicher beherrscht, wird er wahrscheinlich auch Tunnel mühelos bewältigen, deren Ende er zunächst nicht sehen kann.

1 Werfen Sie für den Hund gut sichtbar ein Spielzeug in den Tunnel. Ermuntern Sie ihn nun dazu, es herauszuholen. Der Hund wird den Tunnel wahrscheinlich kurz betreten, um das Spielzeug zu holen, ihn dann aber sofort auf der gleichen Seite wieder verlassen. Erwarten Sie zu diesem Zeitpunkt nicht, dass er den Tunnel durchquert. Lassen Sie ihn zunächst die nötige Sicherheit gewinnen.

„TUNNEL!"

2 Sobald der Hund freiwillig in den Tunnel geht, werfen Sie das Spielzeug ein wenig weiter hinein. Wenn der Hund im Tunnel ist, laufen Sie schnell auf die andere Seite und rufen Sie ihn von dort aus zu sich. Halten Sie eine Belohnung bereit, falls er kommt. Wenn er zuverlässig durch den Tunnel läuft, reicht es, so zu tun, als würden Sie es werfen. Auf der anderen Seite geben Sie ihm das Spielzeug.

3 Sobald der Hund die Schritte 1 und 2 beherrscht, führen Sie das Kommando „Tunnel!" ein, tun aber weiterhin so, als würden Sie das Spielzeug werfen. Dann können Sie auch zu einem gekrümmten Tunnel übergehen, in dem der Hund um die Kurve laufen muss.

Agility-Training

DURCH DEN REIFEN
mit CEDAR

Beim Agility-Training wird Ihnen auch ein speziell für Hunde entworfenes Reifenhindernis begegnen. Wenn Ihnen dieser Reifen zu schwierig erscheint, versuchen Sie es zunächst mit einem gewöhnlichen Hula-Hoop-Reifen. Heben Sie diesen niemals zu hoch über den Boden, denn Sie möchten ja nicht, dass Ihr Hund sich übernimmt. Der Trick ist leichter zu trainieren, wenn Ihr Hund den Befehl „Bleib!" beherrscht und eine zweite Person den Reifen halten kann, während Sie mit dem Hund arbeiten. Mit etwas Übung können Sie den Reifen auch selbst halten.

1 Bitten Sie Ihren „Assistenten", den Reifen in Bodennähe zu halten. Lassen Sie den Hund vor dem Reifen „Sitz!" machen. Gehen Sie nun auf die andere Seite und halten Sie ihm ein Leckerli so hin, dass er es zwar sehen, aber nicht erreichen kann, ohne ein paar Schritte auf Sie zuzumachen.

2 Ermuntern Sie den Hund, dem Leckerli zu folgen und durch den Reifen zu steigen, indem Sie ihn mit „Komm!" zu sich rufen. Sobald er kommt, loben und belohnen Sie ihn. Wiederholen Sie diesen Schritt, bis der Hund sicher durch den Reifen steigt. Wenn er Spielzeug bevorzugt, locken Sie ihn damit.

Agility-Training Nr. 36

Sicherheit Diese Übung ist für Hunde mit Gelenkproblemen nicht geeignet, weil gesprungen wird. Lassen Sie einen Hund niemals über seine eigene Schulterhöhe springen – das könnte seine Gelenke und Muskeln zu stark belasten. Sie können den Reifen für ältere Hunde einfach niedriger am Boden halten. So können sie Spaß beim Erlernen dieses neuen Tricks haben, ohne zu springen.

3 Heben Sie den Reifen nach und nach höher, bis der Hund hindurchspringen muss. Wenn Sie mit einem Spielzeug arbeiten, werfen Sie es durch den Reifen, sodass der Hund hinterherspringt. Führen Sie dann den Befehl „Hopp!" ein, sobald der Hund zum Sprung ansetzt.

„HOPP!"

4 Wenn Sie diesen Trick ein wenig ausbauen möchten, versuchen Sie es mit dem Agility-Reifen. Beim Agility-Training soll Ihr Hund durch den Reifen springen, während Sie neben ihm herlaufen. Bewegen Sie sich also immer weiter zur Seite.

Tipp Mit der Zeit möchten Sie vielleicht auf den Einsatz von Leckerlis und Spielsachen verzichten. Bei Agility-Wettbewerben sind Belohnungen auf dem Parcours ohnehin nicht gestattet, Ihr Hund muss also lernen, auch ohne besonderen Anreiz zu springen.

Siehe auch…

Schön „Sitz!" machen, S. 13
Freudige Erwartung, S. 14
Allez hopp!, S. 26
Hindernislauf, S. 76

Agility-Training

BERÜHRUNGSPUNKT mit KIA

Bei Agility gibt es drei Arten von Hindernissen: die Wippe, den Laufsteg und die Schrägwand. All diese Geräte muss der Hund überqueren, ohne eine Markierung auf dem Boden zu überspringen. Diese Markierung wird als Kontaktzone bezeichnet. Verwenden Sie als Kontaktpunkt einen flachen, durchsichtigen Gegenstand, das erleichtert später den Übergang zum Training auf einer Kontaktzone. Dem Hund den Umgang mit Kontaktzonen beizubringen, führt Sie in die höheren Weihen der Agility ein und kann Ihnen und Ihrem Hund sogar die eine oder andere Trophäe einbringen!

1 Suchen Sie sich einen passenden Gegenstand, zum Beispiel einen Plastikdeckel, als Kontaktfläche. Legen Sie ihn vor dem Hund auf den Boden. Wenn alles gut geht, interessiert sich der Hund genug für das Ding, um daran zu schnüffeln. Wenn er das tut, loben und belohnen Sie ihn.

„GUTES MÄDCHEN!"

„KONTAKT!"

Tipp Wenn Ihr Hund sich gar nicht für die Kontaktfläche interessiert, legen Sie ein Leckerli darunter. Sobald er Interesse daran bekundet, belohnen Sie ihn dafür, wenn er die Scheibe berührt.

2 Wiederholen Sie diese Übung und belohnen Sie den Hund, wann immer er das Ziel berührt. Sobald er das zuverlässig jedes Mal tut, führen Sie ein Kommando ein, zum Beispiel „Kontakt!", damit Sie den Hund dazu auffordern können, das Ziel zu berühren, egal, wo es sich befindet.

Agility-Training Nr. 37

3 Beginnen Sie mit einem einfachen Holzbrett auf dem Boden. Bringen Sie dem Hund bei, über das Brett zu laufen. Dabei leiten Sie ihn mithilfe eines Leckerlis. Wenn der Hund das Brett zuverlässig überquert, legen Sie die Kontaktfläche ans Ende des Bretts oder des Laufstegs (wie hier im Bild gezeigt). Damit lehren Sie ihn, die Kontaktzone zu berühren, bevor er darüberläuft.

Tipp Wenn Sie mit Ihrem Hund bei Agility Fortschritte machen möchten, sollten Sie einen Kurs besuchen, bei dem ein Trainer Ihnen zeigt, wie man sicher mit den Geräten arbeitet.

4 Sobald der Hund sich sicher dabei fühlt, auf der Kontaktzone stehen zu bleiben, können Sie die Kontaktfläche entfernen. Bei Agility ist es wichtig, dass der Hund zwei Kontaktzonen am Anfang und Ende eines jeden Hindernisses berührt. Es ist leichter, die Kontaktzone am Anfang zu berühren, wenn es bergauf geht. Auf dem Weg nach unten wird die Zone gern einmal übersprungen.

„BRAVES MÄDCHEN!"

73

Agility-Training

SLALOM

mit PIPPA

Border Collies sind berühmt für ihre besondere Begabung für Agility, aber mit etwas Geduld kann eigentlich jeder Hund in diesem Bereich erstaunliche Leistungen vollbringen. Zunächst können Sie Ihrem Hund beibringen, Slalom um Ihre Beine zu laufen. Auf diese Weise lernt er bereits die richtigen Bewegungsabläufe. Danach können Sie zu professionellen Slalomstangen übergehen. Der Slalom gehört zu den schwierigsten Agility-Übungen überhaupt, nehmen Sie sich also auf jeden Fall Zeit und gönnen Sie Ihrem Hund während des Trainings sehr viel Lob.

Tipp Mit der Zeit werden Sie den Hund nicht mehr mit der Hand zwischen den Stangen hindurchlocken müssen. Dann können Sie trainieren, ihn nur auf Kommando in den Slalom zu schicken.

»GUTES MÄDCHEN!«

1 Zeigen Sie Ihrem Hund ein Leckerli und stellen Sie sich mit ihm so neben die Stangen, dass er von rechts, also mit einer Linkskurve, beginnt. Führen Sie das Leckerli nun zwischen den ersten beiden Stangen hindurch. Sobald der Hund Ihrer Hand folgt, loben und belohnen Sie ihn.

2 Mit einem zweiten Leckerli locken Sie den Hund nun zwischen der zweiten und dritten Stange hindurch wieder auf sich zu. Wenn er die Stangen passiert, belohnen Sie ihn. Wiederholen Sie diese Schritte, bis sich der Hund durch den ganzen Slalom geschlängelt hat.

3 Wiederholen Sie die ersten beiden Schritte so oft, bis Sie merken, dass der Hund bereits weiß, welchen Weg er als Nächstes nehmen soll. Wird er sicherer, belohnen Sie ihn erst nach zwei richtig passierten Stangen, dann nach drei, vier und schließlich erst nach allen sechs Stangen.

„SLALOM!"

4 Sobald der Hund den Slalomkurs sicher durchquert, führen Sie das Kommando „Slalom!" ein, wenn er zwischen den ersten Stangen hindurchschlüpft. Mit der Zeit wird er schneller werden. Achten Sie darauf, nicht zu viel Druck auszuüben. Wenn der Hund eine Stange auslässt, fangen Sie einfach von vorn an und belohnen Sie ihn für jede Kurve.

Siehe auch...

Slalomlauf, S. 44

Agility-Training

HINDERNISLAUF

mit HULA

Beim Training dieser Übung sollten Sie klein anfangen, damit Ihr Hund das nötige Selbstvertrauen gewinnt – denn um ein echter Springer zu werden, braucht man viel davon! Wenn Sie vorhaben, an Agility-Wettkämpfen teilzunehmen, ist es sinnvoll, dem Hund die Kommandos „rechts" und „links" beizubringen – der Trick „Rundherum" eignet sich dazu besonders. Versuchen Sie, neben Ihrem Hund herzulaufen, während Sie ihm die Befehle beibringen. Wenn es dann ans Springen geht, brauchen Sie einen besonderen Anreiz: Das Lieblingsspielzeug leistet da gute Dienste!

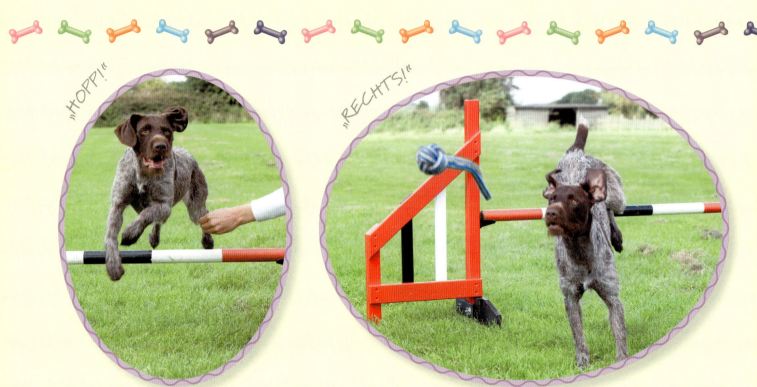

„HOPP!"   „RECHTS!"

1 Gehen Sie zunächst vor wie beim Springen durch den Reifen und beginnen Sie mit ganz niedrigen Sprüngen. Sobald der Hund an Sicherheit gewinnt, führen Sie den Befehl „Hopp!" ein. Zunächst sollten Sie neben Ihrem Hund herlaufen, wenn er springt.

2 Bauen Sie ein niedriges Hindernis auf. Der Hund läuft links von Ihnen. Laufen Sie auf das Hindernis zu und befehlen Sie ihm mit „Hopp!" zu springen. Wenn der Hund springt, sagen Sie „rechts" und biegen Sie nach rechts ab. Wenn er sich Ihnen zuwendet, werfen Sie das Spielzeug nach rechts.

76

Agility-Training Nr. **39**

Sicherheit Hunde mit Gelenkproblemen und manche besonders große Rassen sollten nicht unnötig springen. Die Höhe der Hindernisse bei Wettkämpfen hängt von der Größe Ihres Hundes ab.

3 Wiederholen Sie Schritt 2, diesmal mit dem Hund zu Ihrer Rechten. Werfen Sie das Spielzeug wiederum nach rechts, also von sich weg, und belohnen Sie den Hund bei Erfolg mit einem Spiel.

4 Bauen Sie im rechten Winkel zum ersten ein zweites Hindernis auf und schicken Sie Ihren Hund mittels Richtungsansagen darüber. Nach und nach können Sie die Anzahl der Hindernisse erweitern. Trainieren Sie dann die gleichen Schritte mit einer Linkskurve.

Siehe auch...

Rundherum, S. 37
Durch den Reifen, S. 70

77

Nr. 40

Agility-Training

AUF DEM TISCH BLEIBEN

mit KIA

Dieser Trick kann Teil eines Agility-Parcours sein. Der Hund springt auf einen Tisch, legt sich darauf hin und bleibt ein wenig liegen, bevor er zum nächsten Hindernis weiterläuft. Ihr Hund sollte die Kommandos „Platz!" und „Bleib!" sicher beherrschen, bevor Sie diese Übung trainieren. Auch wenn Sie nicht an Wettbewerben teilnehmen möchten, ist dieser Trick sinnvoll, denn er trainiert den Gehorsam des Hundes. Für den Anfang eignet sich ein niedriger Tisch mit einer griffigen Oberfläche am besten. In den meisten Agility-Klubs gibt es spezielle Tische in verschiedenen Höhen.

„GUTES MÄDCHEN!"

„PLATZ!"

2 Sobald der Hund auf dem Tisch steht, lassen Sie ihn Platz machen und belohnen Sie ihn dafür. Wenn er sich daran gewöhnt hat, auf den Tisch zu springen und sich dort hinzulegen, bringen Sie ihm bei, dort zu verharren, indem Sie sich ein wenig entfernen und dann zurückkommen.

1 Suchen Sie einen sicheren, niedrigen Tisch mit rutschsicherer Oberfläche. Ermuntern Sie Ihren Hund dazu, seine Vorderpfoten daraufzustellen. Loben und belohnen Sie ihn. Sobald der Hund diesen Schritt sicher ausführt, legen Sie einen Belohnungshappen in die Mitte des Tischs. Ermuntern Sie ihn mit dem Kommando „Hopp!" dazu, auf den Tisch zu springen.

„RUNTER!"

3 Wenn der Hund für einige Sekunden auf dem Tisch liegen geblieben ist, rufen Sie ihn mit dem Kommando „Runter!" herunter. Nach und nach wird sich der Hund von allein hinlegen, sobald er auf dem Tisch steht. Dann führen Sie ein Kommando ein, zum Beispiel „Tisch!".

REGISTER

A
Agility-Training 10, 68–78
Agility-Wettbewerbe 10, 71, 77
ältere Hunde 10, 11, 22, 24, 36, 47, 65, 71
Apportieren 11, 19, 29, 32–33
Arthritis 22, 36
„Aufräumen!" 50–51
„Aus!" 17, 19, 29, 33, 50

B
Balancieren 52–53
Befehle 8
Bellen 21
Belohnung 7–9
„Bleib!" 14, 56, 62, 70, 78
Border Collies 45, 74
„Bring!" 19, 28, 32–33

C
Clicker 8
Clicker-Wort 8

D
„Drehen!" 37

E
Einfache Klassiker 18–29

F
„Fang!" 52–53
Fangen 52–53

G
Gelenkprobleme 22, 24, 27, 65, 71
gesundheitliche Probleme 11, 22
„Gib Pfötchen!" 20, 36
Gleichgewicht 31
große Rassen 24, 45, 47, 65, 77
Grundlagen 10, 12–17

H
Handzeichen 8, 13, 22, 24
„Hatschi!" 66–67
Heelwork to Music 37
„Highfive!" 36, 38

Hilfsmittel 8
Hindernisse 72
„Hoch!" 41
„Hol …!" 32–33, 42, 56, 66
    „Hol das Spielzeug!" 50
    „Hol das Tuch!" 66
    „Hol den Ball!" 32
    „Hol die Leine!" 28–29, 42
    „Hol die Tasche!" 42–43
„Hopp!" 24, 26–27, 46–47, 70–71, 76–77, 78

I
„Ins Körbchen!" 48–49

K
„Komm!" 16, 70
„Kontakt!" 72–73
Kontaktzone 72, 73
Körpersprache 8
„Kriechen!" 60–61
„Küsschen!" 23

L
Labradore 19
langer Rücken 27, 31, 47
Laufsteg 72
„Licht an!" 64–65
Lob 9

M
„Mach bitte!" 31
Männchen machen 41
Motivation 9

N
„Nein!" 34–35

P
„Platz!" 15, 25, 48, 49, 54, 55, 60, 78
positive Verstärkung 6, 7

R
„Raus mit dir!" 49
Reifen 70–71
„Reifen!" 70–71

Richtungsangaben 37, 76, 77
„Rollen!" 25
Rückenprobleme 22, 58
„Ruhig!" 21
„Runter!" 47, 78

S
„Sag hallo!" 21
„Schäm dich!" 54–55
Schrägwand 72
Sicherheit 11
„Sitz!" 13, 14, 15, 20, 31, 36, 38, 44, 46, 52–53, 54,
    56, 62, 70
Slalom 74–75
„Slalom!" 44–45, 74–75
Slalomstangen 74–75
Spaniel 19
Springen 24, 26–27, 46–47, 70–71, 76–77, 78
„Still!" 52
Stimme 16
„Such!" 62–63
„Such den Schlüssel!" 56–57

T
„Tanzen!" 41
Timing 9
Tisch 78
„Tisch!" 78
Trächtigkeit 11
„Trag!" 43
Tricks für Könner 30–39
Tunnel 69
„Tunnel!" 69
Türen öffnen 59
„Tür zu!" 58–59

V
„Verbeugen!" 22

W
Wahre Kunststücke 40–67
Welpen 24, 65
„Wiedersehen!" 39
„Winke, winke!" 38–39, 54
Wippe 72

Hundegalerie

Vielen Dank! Der Herausgeber möchte Nick Ridley und den Mitarbeitern von Hearing Dogs for Deaf People (www.hearingdogs.org.uk) danken, die bei den Fotoaufnahmen geholfen haben. Besonderer Dank geht natürlich an die Hunde. Es war eine große Freude, mit ihnen zu arbeiten!

80